Frank Krause

Der heilige Weg

Frank Krause

Der heilige Weg

Leben im Geist und in der Wahrheit

GloryWorld-Medien

1. Auflage 2023

Bibelzitate sind, falls nicht anders gekennzeichnet, der Elberfelder Bibel, Revidierte Fassung von 2006, entnommen. Hervorhebungen und in Klammern gesetzte Ergänzungen stammen vom Autor. Weitere Bibelübersetzungen:

GNB: Gute Nachricht Bibel, 2002
HFA: Hoffnung für alle, Basel und Gießen, 1983
LUT: Lutherbibel, Revidierte Fassung von 2017
NLB: „Neues Leben. Die Bibelübersetzung", Holzgerlingen, 2017
DBU: „Das Buch". Neues Testament – übersetzt von Roland Werner, © 2009 SCM R.Brockhaus in der SCM Verlagsgruppe GmbH, Witten

Das Buch folgt den Regeln der Deutschen Rechtschreibreform. Die Bibelzitate wurden diesen Rechtschreibregeln angepasst.

Anmerkung zu Zitaten: Die vom Autor benutzten Zitate dienen ausschließlich der Erläuterung, Bereicherung und Untermauerung des eigenen Textes. Sie sollen zum Nachdenken anregen, inspirieren, Gedankengänge zusammenfassen und, je nachdem, den Text auflockern und den Leser zum Schmunzeln bringen. Er weist ausdrücklich darauf hin, dass er weder alle Werke der von ihm zitierten Autoren kennt noch zwingend deren Weltanschauungen oder sonstigen Ansichten teilt.

Lektorat: Brigitte Krause
Satz: Manfred Mayer
Umschlaggestaltung: Markus Amolsch
Titelbild: brian-mann-Qmbp26bep6k-unsplash
Hintergrundbild: von fwstudio auf freepik.com
Druck: arkadruk.pl

Printed in the EU

ISBN: 978-3-95578-619-9
Bestellnummer: 356619

Erhältlich beim Verlag:

GloryWorld-Medien
Beit-Sahour-Str. 4
D-46509 Xanten
Tel.: 02801-9854003
Fax: 02801-9854004
info@gloryworld.de
www.gloryworld.de

oder in jeder Buchhandlung

Inhalt

Vorwort

Jagt dem Frieden mit allen nach und der Heiligung, ohne die niemand den Herrn schauen wird.

Hebräer 12,14

Als Frank mir letztes Jahr strahlend verkündete, Gott habe ihm im Gebet mitgeteilt, worüber er die Nr. 7 der Reihe „7+7+7", schreiben solle, war ich gespannt. Er werde über „den heiligen Lebensstil" schreiben.[1] Mir klappte erst einmal vor Staunen die Kinnlade herunter. Nachdem ich meine Überraschung überwunden hatte, wandelte sich mein Gesichtsausdruck in ein breites Grinsen. Ich teile ihm unverblümt und ehrlich mit: „Das kannst du nicht, nicht *du*. Das ist *mein* Thema." Daraufhin schaute er mich verwegen an und konterte: „Wetten, dass? Warte nur ab!" Lachend gingen wir auseinander.

Für die, die jetzt denken, dass ich meinen Mann mit dieser Aussage nicht unterstützen oder gar frustrieren wollte: Es gibt einen Hintergrund für meine Äußerung. Ich komme nämlich aus einem gänzlich anderen „Familienstall" als Frank. Bei uns waren Fehler erlaubt, dienten jedoch dazu, zu lernen. Der Moralkodex in unserer Familie war hoch. Nach dem Motto: Man kann viele Fehler machen und Dummheiten begehen, aber man trägt erstens die Konsequenzen daraus selbst und zweitens ist es eine Pflicht, daraus zu lernen und seinen Weg zu ändern. Wie anders war es dagegen in Franks Familie!

---

[1] Das 6. Buch der Reihe über den fünffältigen Dienst und den Leib Christi verschiebt sich aus diversen Gründen zeitlich nach hinten auf Platz 7 bei der Herausgabe. Darum erscheint nun das 7. Buch zuerst.

So prallten bei unserer Eheschließung vor über dreißig Jahren Welten aufeinander. Mein ständiges Appellieren an Moral und „anständiges Verhalten" brachten mir den Namen „Äbtissin" ein. Frank fühlte sich oft eher als Novize, denn als Ehemann, wenn ich ihn mal wieder ermahnte, z. B. nicht so viel fernzusehen oder allerlei andere Dinge zu tun bzw. zu lassen. Im Nachhinein muss ich zugeben, dass ich mit meinen ehrlich gemeinten, moralisch unterlegten (Gardinen)Predigten oft übers Ziel hinausgeschossen bin.

Gott musste mir beibringen, dass es unwichtig ist, ob ich Recht habe oder nicht. Dass es vielmehr darauf ankommt, wie seine Güte und Milde sowohl Frank als auch mich stets zur Umkehr auf den Heiligen Pfad bewegen kann.

Dieses Schleifen an unserem Charakter – ich die Rechthaberin, Frank der Verweigerer meiner „Klosterregeln" aus Prinzip – hat uns im Laufe der Jahrzehnte milde und gütiger zueinander werden lassen. Heute lachen wir über die meisten Eigenheiten, die uns früher aneinander nervten.

Trotz der vielen Bücher, die Frank geschrieben hat, an denen ich mit meinen Korrekturen mitwirken durfte und zu denen ich ihn auch immer ermutigt habe, da ich seine schriftstellerische Begabung beeindruckend finde ... ein Buch über *Heiligung*? Na, warten wir es also ab, dachte ich mir und blickte mit einem unguten Gefühl auf das kommende Lektorat.

Als mein Mann mir dann Anfang des Jahres das Buch mit einem triumphierenden Lächeln auf den Schreibtisch legte, war ich gespannt wie ein Flitzebogen, aber auch ein wenig nervös. „Eine große Aufgabe für eine Äbtissin, die doch so heilig ist", frotzelte er liebevoll.

Als ich mich an den Text setzte, konnte ich gar nicht mehr aufhören zu lesen und streute innerlich büßend Asche auf mein Haupt. Wie sehr hatte ich mich getäuscht! Das Buch rührte mich tief im Herzen an und sprach zu mir in vielen Bereichen. Wie hatte ich Frank doch Unrecht getan. Ich war eine Woche lang komplett gefangen in diesem wunderbaren Text.

Mein Resümee: Frank *kann* sehr wohl über Heiligkeit schreiben, auch wenn es weniger emotional geworden ist, als ich es mir gewünscht hätte. Tja, Männer und Frauen sind verschieden ...

Ich hatte Gott sei Dank nicht Recht. Durch das Schreiben, Lesen und Korrigieren von uns beiden kamen wir selbst in ganz neue Verständnisse des *Heiligen Lebensstils* hinein. Es gäbe so viel dazu zu sagen, aber ein zu dickes Buch sollte es auch nicht werden.

Wir sehen uns beide nicht als die Super-Heiligen an, manchmal eher als „komische Heilige“. Aber wir sind auf dem heiligen Pfad Gottes unterwegs und lieben es, ihn weiterzugehen und immer mehr so zu werden, wie Gott uns gemeint hat, als er uns schuf.

Ich wünsche den Leserinnen und Lesern, dass sie ermutigt werden, die Wunder dieses heiligen Pfades mit uns neu zu entdecken. Das dazugehörige Kursbuch bringt weitere Aspekte, Geschichten und Fragen zum Thema auf, die das Buch großartig ergänzen.

Brigitte Krause, Februar 2023

Einführung

*Schreib alles auf, was du soeben gesehen hast
und was dir noch offenbart wird über die Gegenwart
und über das, was in Zukunft geschehen wird.*

Offenbarung 1,19 GNB

Das siebte Buch

Das siebte Buch des „7+7+7-Projektes“ liegt nun vor[1]. Das heißt, sieben Bücher und sieben begleitende Kurshefte zu fundamentalen geistlichen Themen sind geschrieben und sieben erklärende Videoserien zur Vertiefung dazu aufgenommen worden. Ich kann es kaum glauben, in welch kurzer Zeit eine solche Mega-Arbeit vollzogen worden ist! Ist ein solch umfangreiches Werk nicht eine Lebensleistung? Durch die Gnade Christi können wir in einem einzelnen Leben vollbringen, was eigentlich mehrere brauchen würde! Das ist meine Erfahrung, und so empfinde ich die gesteigerte Produktivität, die sich in meinem Leben eingestellt hat. Durch die Gnade werden wir der Kraft und Wirkung Christi teilhaftig. Kreativität und Eifer erwachen. Wunder geschehen.

Rasch wurden mir „von oben“ zahlreiche Titel und Texte eingegeben; der himmlische „Download“ an Inspiration des Heiligen Geistes floss mir nur so in die Tastatur, auf der die Buchstaben vor lauter Gebrauch kaum mehr erkennbar sind. Für mich zeigt sich daran, dass die Zeit auf der Weltenuhr weit fortgeschritten ist. Was noch hervorgebracht werden kann,

[1] Siehe Fußnote im Vorwort.

muss sich beeilen, denn „das Ende“ ist nahe herbeigekommen. Es ist, als würde sich alles beschleunigen und komprimieren. Der Druck nimmt zu wie Presswehen, eine neue Welt will geboren werden, rein und heilig. Die Zeit der Hure Babylon[2] läuft ab, die der Braut Christi steht bevor. Eine höchst aufregende Zeitenwende, die meiner Meinung nach sehr viel mit Heiligkeit zu tun hat!

Stufen

In meinen ersten Jahren als Christ war mir der heilige Gott weitgehend unverständlich. Meine gottlose Prägung hatte ihn aus meinem Konzept von Wirklichkeit komplett ausgeschlossen. Ihn nun darin unterzubringen, fiel mir schwer. Ich versuchte, ihn in meine „Box“ hineinzuglauben und hineinzubeten, während er mich herausholen wollte. In meinem Kosmos war Gott nicht präsent. Er fehlte in den Filmen und Nachrichtensendungen, die ich mir anschaute, und genauso in den Gesprächen, die ich mit Freunden und Mitschülern führte. Die Welt, wie ich sie kannte, hatte keine Verwendung für Gott und verbannte ihn in die Kirche … für mildtätige Zwecke.

Später verstand ich, dass es da ein *Innerhalb* meiner Weltsicht und ein *Außerhalb* von ihr gab. Gott befand sich draußen und rief mich, aus meinem ideologischen „Grab“ aufzustehen und dorthin zu kommen, wo er war. Jedoch wurde schnell klar, dass der Übergang von Drinnen nach Draußen eine Initiation brauchte, eine Geburt, die wahrhaft einer Auferstehung gleicht.

Ob es allen anderen Christen auch so geht, weiß ich nicht, aber bei mir verlief und verläuft diese „Auferstehung“ in Stufen. Jede Stufe ist dermaßen lebendiger und lichter als die vorherige, dass es mir stets scheint, als sei das Ziel erreicht und das geistliche Wachstum vollendet. Jedoch stoße ich

---

[2] Über den Geist von Babylon habe ich ein Buch geschrieben: „Ein Turm bis zum Himmel“, GloryWorld-Medien, Xanten 2022.

über kurz oder lang erneut an Grenzen, die überwunden werden wollen. Ich sehe kein Ende in dieser Auferstehungs- bzw. Aufstiegs-Entwicklung. Die Verwandlung in das Bild Jesu – von einer Herrlichkeit zur anderen, wie der Heilige Geist sie initiiert (vgl. 2 Kor 3,18) – nimmt kein Ende. *Es ist ein heiliger Weg*, der kontinuierlich weitergegangen werden will, ein fortschreitender geistlicher Prozess, der dynamisch und machtvoll ist. Der Heilige Geist hält uns in Bewegung! Wo wir geneigt sind, stehenzubleiben und zu erstarren, uns vielleicht sogar umzuwenden und nach hinten zu orientieren (Tradition), anstatt nach vorne (Vision), ist der Geist unerbittlich. Denn wie wir aus der Geschichte von Lots Frau wissen, könnten wir im Blick nach hinten „zur Salzsäule" erstarren. Oder, wie Jesus es in Lukas 9,62 sagt:

> *Niemand, der seine Hand an den Pflug gelegt hat und zurückblickt, ist tauglich für das Reich Gottes.*

Die mir bekannte christliche Lehre sagt, dass wir mit der Bekehrung zu Jesus auferstanden und wiedergeboren *sind*. Die Theologen sehen in diesen Begriffen Punkte, die „erledigt" werden und keine Prozesse, die sich immer weiter entfalten. Mir war es stets seltsam, dass ich auferstanden und wiedergeboren sein sollte, ohne groß etwas davon zu bemerken. Die Unterschiede zwischen Tod und Leben, Finsternis und Licht, zwischen einem ungeborenen und einem geborenen Kind sind im Natürlichen dermaßen groß, dass es mir stets fragwürdig erschien, wie man im geistlichen Bereich davon kaum etwas mitbekommen sollte. Mir wurde gesagt, ich solle einfach „glauben", dass es geschehen sei, dann würde es sich mit der Zeit schon zeigen ...

Durch die Jahre meines Glaubenslebens erkannte ich: Jede Stufe der Realisierung der Wiedergeburt und der Auferstehung braucht Zeit, ihr größeres Maß an Wirklichkeit und Möglichkeit (Macht) sowohl zu entfalten als auch zu integrieren. Viele Stufen brauchten bei mir länger, als es hätte sein müssen. Das zu erkennen, war stets eine Ernüchterung. Jedoch hielt ich mir zugute, dass ich über das Allermeiste, das ich über diesen „Heiligen Weg" erkannte und erlebte, in den Predigten, die ich gehört und selbst Bibelschulen, die ich besuchte, kaum je etwas vernommen hatte.

Initiation und Integration

Halten wir das Prinzip fest: Nach der Initiation[3] kommt die Integration. Verstehen und verinnerlichen wir eine Initiation mit der daraus resultierenden Verwandlung, die uns auf eine neue Stufe hebt, nicht, dann können wir in einem „Dazwischen" hängen bleiben, ein sehr unangenehmer Zustand. Wir sind nicht mehr, die wir waren, aber auch noch nicht, die wir werden. Das Alte ist keine Option mehr, aber das Neue ist noch unklar. Wie gesagt: An diesem Punkt erliegen meines Erachtens viele Christen dem Irrtum, dass sie ihre Wiedergeburt, Auferstehung, Verherrlichung, Erleuchtung, Erweckung usw. als punktuelle geistliche Geschehnisse betrachten und nicht als Prozesse, die zu durchlaufen sind bzw. als Weg, der zu gehen ist. Wie jemand eine volle Erweckung und Erfahrung der unmittelbaren Herrlichkeit Gottes im Angesicht Christi aushalten sollte, nur weil er sich bekehrt hat, kann ich mir nicht vorstellen. Ich bin jetzt 40 Jahre lang Christ und habe nicht den Eindruck, mit der Bekehrung fertig zu sein, genauso wenig wie mit allen anderen Aspekten der Erlösung und Verwandlung in das Bild Christi: weder mit dem Kreuz noch mit der Auferstehung noch mit der Himmelfahrt noch mit Pfingsten. Meine Erfahrung der Heiligkeit ist fragmentarisch, die Unheiligkeit der Welt eine stete Herausforderung.

---

[3] Über den Begriff „Initiation" habe ich ein Buch mit Kurs dazu geschrieben: „Initiation – Der andere Weg", GloryWorld-Medien, Xanten 2020.

Im „Dazwischen“

Ich nehme an, dem Teufel ist es sehr recht, wenn wir glauben, wir seien mit der Heiligung „fertig“, weil wir uns einmal Jesus zugewendet haben und in eine Gemeinde gehen. Dort drehen wir uns dann ewig im liturgischen Kreis und kommen nicht vom Fleck. Eine weitergehende Initiation und Transformation finden wir dort in der Regel nicht, sie wird weder verkündet, noch verlangt, noch sind die gemeindlichen Strukturen beweglich (dynamisch) genug dafür. Viele Aspekte der geistlichen Erfahrung werden darum auf „nach dem Tod“ verschoben und „in den Himmel“ verlegt. Was bleibt, ist ein im Großen und Ganzen menschlich verwaltbares, religiöses Konstrukt, das mit „dem Reich Gottes, welches nicht in Worten, sondern in Kraft“ (vgl. 1 Kor 4,20) und in „Gerechtigkeit, Frieden und Freude im Heiligen Geist“ (vgl. Röm 14,17) besteht, wenig gemein hat, noch etwas damit anfangen kann.

Ich glaube, dass heute viele Gläubige – ob ausgesprochen oder unausgesprochen (innere Kündigung) – ihre Kirchen und Gemeinden verlassen, weil vom Reich Gottes dort wenig zu finden ist, sondern stattdessen ein frommer Ersatz angeboten wird, der aus einem geist- und kraftlosen Evangelium der Gutbürgerlichkeit und mildtätigen Zwecke besteht. Aktuell sammeln sich immer mehr Christen in dieser „Zwischenstation“, vielleicht sogar die ganze Welt, da die Geburt eines neuen Himmels und einer neuen Erde ansteht. Da sich zunehmend die ganze Menschheit auf dieser Linie zwischen dem vergehenden Alten und dem werdenden Neuen einfindet, ob freiwillig oder unfreiwillig, eröffnet sich in diesem „Dazwischen“ eine ungeahnte evangelistische Möglichkeit. Sie wird in den Endzeitreden Jesu angedeutet:

> *Und dieses Evangelium des Reiches wird gepredigt werden auf dem ganzen Erdkreis, allen Nationen zu einem Zeugnis, und dann wird das Ende kommen* (Mt 24,14).

Bleiben wir, die wir waren, können wir nicht in das Neue, das heilig ist, hinübergehen, weil wir das Alte, das unheilig ist, einschleppen und das Neue damit kontaminieren würden. Kompatibel mit der „heiligen Stadt, dem neuen Jerusalem" zu werden, „welches aus dem Himmel von Gott herniederkommt" (vgl. Offb 21,2), das ist eine wirklich große Verwandlung.[4] Wir werden heilig, wie ER heilig ist, denn es heißt:

Seid heilig, denn ich bin heilig! (1 Petr 1,16).

Ein kleiner Satz, der es in sich hat. Zudem steht er in Befehlsform, lässt uns also keine Wahl. Dabei geht es nicht darum, „so zu tun, als ob", was zur reinen Heuchelei führt, sondern um einen Seinszustand, in den wir von Gott selbst hineingetaucht werden. Es ist also eine Initiation.

> Die Heiligkeit besteht nicht darin, außergewöhnliche Dinge zu tun, sondern Gott wirken zu lassen. Sie ist die Begegnung mit der Kraft Seiner Gnade in unserer Schwäche, sie ist das Vertrauen in sein Wirken, das uns erlaubt, in Barmherzigkeit zu leben und alles mit Freude und Demut zu tun, zur Ehre Gottes und im Dienste am Nächsten.[5]

Heiligkeit ist unser Schicksal.

Meiner Überzeugung nach wird die letzte und notwendige Erweckung, die über die Welt geht, einerseits eine Renaissance des *Reiches Gottes* sein und andererseits eine der *Heiligkeit*. Zu unserem Erstaunen werden wir feststellen, dass Heiligkeit nicht so schwer ist, wie wir dachten, denn es heißt ja auch: „Gottes Gebote sind *nicht* schwer" (vgl. 1 Joh 5,3). Es gab bereits eine ganze Reihe von Heiligungsbewegungen[6], die jedoch

---

[4] Diesem Übergang und seinen spezifischen Herausforderungen habe ich das Buch „Auf dem Weg in die goldene Stadt" (GloryWorld-Medien 2014) gewidmet.

[5] Papst Franziskus: „Über die Heiligkeit der Kirche" am 02. Oktober 2013, Quelle: https://www.vatican.va/content/francesco/de/audiences/2013/documents/papa-francesco_20131002_udienza-generale.html

[6] Unter Heiligungsbewegung versteht man im weiteren Sinne eine christliche Erweckungsbewegung der Neuzeit. Sie legt starken Wert darauf, dass ihre Anhänger eine „wirkliche" Bekehrung erlebt haben und sich in ihrem Leben

immer wieder ausgebremst werden konnten, da die Seite der Macht – also des Reiches Gottes – fehlte. Beides zusammen bringt eine *mächtige Heiligkeit* bzw. *heilige Mächtigkeit* auf den Plan, die bereit und fähig ist, Gottes Heil in einem Maß umzusetzen, dass es die Welt erstaunen wird. Aber genauso wird sich die „mildtätige Gemeinde“ über diese Dynamik wundern, da sie sich allgemein an eine „gepflegte Ohnmacht“ und (schein)christliche Harmlosigkeit gewöhnt hat.

Die heilige Gemeinde, die Gott sich selbst heranbildet, wobei er die institutionalisierte Kirche nicht um Erlaubnis fragt, wird in der Lage sein, zu den Waffen des Lichts (vgl. Röm 13,12) zu greifen, um die Werke der Finsternis in einem solch globalem Maßstab bloßzustellen, dass noch einmal viele Menschen den Absprung schaffen und aus der Finsternis ins Licht fliehen werden.

Unterscheidung

Wie man im Licht wandelt und handelt, das wird ein großes Thema sein und die Bibelschulen beschäftigen! Der Unterschied zwischen Menschen, die im Licht leben, und jenen, die in der Dunkelheit bleiben, wird immer deutlicher werden. Eine heilige Zäsur vollzieht sich. Das Licht nimmt zu, die Dunkelheit wird entsprechend dunkler, die Grautöne und das Zwielicht verschwinden. Beides ist nicht miteinander vereinbar, wenn auch sehr lange daran gearbeitet wurde, Licht und Finsternis miteinander zu vermischen. Darüber hat Paulus sehr ernüchternde Worte zu sagen:

---

nach den ethischen Geboten des Christentums richten und möglichst sündenfrei leben. Konkret fand das, je nach Zeitumständen, Ausdruck in Betonung von Evangelisation, Diakonie, Nächstenliebe, Abstinenz und praktischer Heiligung. Eine der ersten Heiligungsbewegungen war der Methodismus. Auch der erweckte bzw. Radikale Pietismus (Gottfried Arnold) ist dieser Richtung zuzuordnen. Weitere Kirchen, die zur Heiligungsbewegung gerechnet werden, sind die Heilsarmee, die Gemeinden Christi, die Kirche des Nazareners, die Gemeinde für Christus und in der Schweiz die Evangelische Gesellschaft des Kantons Bern (Wikipedia, „Heiligungsbewegung“, 1.12.22).

Ihr könnt nicht des Herrn Kelch trinken und der Dämonen Kelch; ihr könnt nicht am Tisch des Herrn teilnehmen und am Tisch der Dämonen (1 Kor 10,21).

Macht keine gemeinsame Sache mit Ungläubigen! Wie passen denn Gerechtigkeit und Ungerechtigkeit zusammen? Was hat das Licht mit der Finsternis zu tun? Ist Christus in Einklang zu bringen mit dem Teufel? Haben Glaubende etwas mit Ungläubigen gemeinsam? Haben Götzenbilder etwas im Tempel Gottes zu suchen? (2 Kor 6,14-16a GNB).

Hier finden wir eine Gegenüberstellung von Attributen der Unheiligkeit – *Ungerechtigkeit, Finsternis, der Teufel, die Ungläubigen und Götzenbilder* – mit denen der Heiligkeit – *Gerechtigkeit, Licht, Christus, die Glaubenden, der Tempel Gottes.*

Diese Aspekte sind für uns so wichtig, dass wir sie ganz genau kennen sollten, sodass wir sie auch unterscheiden können. Denn die Ungerechtigkeit liebt es, sich in die Kleider der Gerechtigkeit zu hüllen und der Teufel verkleidet sich als Engel des Lichts (vgl. 2 Kor 11,14). Diese Beurteilung ist jedoch nur durch die Offenbarung des Heiligen Geistes möglich, denn unser weltliches Verständnis eines jeden einzelnen Punktes ist sehr beschränkt. Diese geistgewirkte Klarheit nennt sich auch „die Gabe der Unterscheidung der Geister“ (vgl. 1 Kor 12,10).

Diese Geistes-Gabe können wir heute mehr denn je gebrauchen, da wir zu jener unmöglichen Vermischung von Dingen neigen, die nicht zusammenpassen und nichts miteinander zu tun haben, die nicht in Einklang zu bringen sind und nichts gemeinsam haben. Heute wird diese Vermischung gerne unter dem Nimbus der „Toleranz“ propagiert, was zu einer fatalen Gleichgültigkeit führt, wo alles „gleich-gültig“ ist. Ohne Unterscheidung können wir nicht entscheiden. Heute ist das Leben vieler Menschen von Unentschiedenheit geprägt. Dieses „Sich-nicht-Entscheiden“ führt zu Unklarheit und Stagnation. Der heilige Weg ist jedoch gekennzeichnet durch Klarheit und Dynamik.

Kapitel 1

Die große Ernüchterung

Deshalb umgürtet die Lenden eurer Gesinnung,
seid nüchtern und hofft völlig auf die Gnade,
die euch gebracht wird in der Offenbarung Jesu Christi!
Als Kinder des Gehorsams passt euch nicht den Begierden an,
die früher in eurer Unwissenheit herrschten,
sondern wie der, welcher euch berufen hat, heilig ist,
seid auch ihr im ganzen Wandel heilig!

1. Petrus 1,13-15

Die Frucht der Sünde

Die nächste Welle bzw. Geburtswehe wird das Licht heller aufdrehen und ein ungeheures Chaos sowie eine schwer zu fassende Verkehrtheit ans Licht bringen, die systemisch, gesellschaftlich etabliert sowie von den Architekten der Weltordnung programmiert und installiert ist. Dem wird die *große Ernüchterung* folgen, die meines Erachtens der Katalysator für eine weitere, mächtige Heiligungsbewegung sein wird. Denn die Frucht der Unheiligkeit wird offenbar werden – mit Tod und Verderben in ihrem Gefolge. Siehe die vier apokalyptischen Reiter:

Dann sah ich, wie das Lamm das erste von den sieben Siegeln aufbrach. Und ich hörte, wie eine der vier mächtigen Gestalten mit Donnerstimme sagte: „Komm!" Ich schaute

> *hin, da kam ein weißes Pferd. Sein Reiter hatte einen Bogen und erhielt eine Krone. Als Sieger zog er aus, um zu siegen.*
> *Dann brach das Lamm das zweite Siegel auf. Ich hörte, wie die zweite der mächtigen Gestalten sagte: „Komm!" Da kam ein anderes Pferd hervor, ein feuerrotes. Sein Reiter wurde ermächtigt, den Frieden von der Erde zu nehmen, damit sich die Menschen gegenseitig töteten. Dazu wurde ihm ein großes Schwert gegeben.*
> *Dann brach das Lamm das dritte Siegel auf. Ich hörte, wie die dritte der mächtigen Gestalten sagte: „Komm!" Ich schaute hin, da kam ein schwarzes Pferd. Sein Reiter hielt eine Waage in der Hand. Aus dem Kreis der vier mächtigen Gestalten hörte ich eine Stimme rufen: „Eine Ration Weizen oder drei Rationen Gerste für den Lohn eines ganzen Tages. Nur Öl und Wein zum alten Preis!"*
> *Dann brach das Lamm das vierte Siegel auf. Ich hörte, wie die vierte der mächtigen Gestalten sagte: „Komm!" Ich schaute hin, da kam ein leichenfarbenes Pferd. Sein Reiter hieß Tod, und die Totenwelt folgte ihm auf den Fersen. Ein Viertel der Erde wurde in ihre Macht gegeben. Durch das Schwert, durch Hunger, Seuchen und wilde Tiere sollten sie die Menschen töten* (Offb 6,1-8 GNB).

Wo man auch hinschaut, kommt diese „Frucht der Sünde", der „Fluch der vier Siegel" in Form von Krieg, Hunger, Seuche und Tod ans Licht. Es wird deutlich, dass die natürliche, menschliche und göttlich angelegte Welt zugunsten einer diabolischen Kunstwelt, gezielt und von langer Hand geplant, abgeschafft wird. Sie wird von entsprechenden Kunstmenschen bevölkert, die genetisch verändert, technisch modifiziert und digitalisiert werden, um kontrolliert zu funktionieren. Wohin, als „nach oben", soll man in einer solch umfassenden und global vorangetriebenen Programmatik fliehen, die heute über die Möglichkeiten verfügt, ihre teuflischen Träume einer „neuen Weltordnung“[1] umzusetzen?

Der von Gott sowie von der Natur als auch von sich selbst abgekoppelte Mensch, der in einer computergenerierten und voll überwachten Umgebung lebt, ist die Vollendung der Sünde, die endgültige Pervertierung und Degeneration des Menschen zu einer programmierten Maschine im Dienste entsprechender Mächte.

Wie immer gibt Gott uns jedoch die Gelegenheit dazu, dies alles kommen zu sehen, bevor es geschieht, und eine Entscheidung zu treffen, ob wir diesen Weg gehen und ein Teil dieser Art von Welt sein wollen oder nicht. Wie gesagt: Leider sind viele Menschen nur noch schwer in der Lage dazu, existentielle Entscheidungen für sich zu treffen. Es muss schon etwas sehr Einschneidendes geschehen, um überhaupt einmal ihre volle Aufmerksamkeit zu gewinnen.

Vielleicht wird Gott es zulassen, dass die digitale Matrix eine bestimmte Zeit lang kollabiert, also das Internet durch eine Fehlfunktion runterfährt oder der Strom in einem „Blackout“ ausfällt. Dann sind die Menschen auf einmal ohne Bildschirme aller Art auf sich selbst zurückgeworfen und merken, wie total abhängig sie geworden sind und nicht wie frei. Einfachste Aspekte des natürlichen Lebens sind ihnen fremd und ungeübt. Für alles gibt es schließlich die Infos im Internet, eine App und die Experten, die sich kümmern, aber nun nicht erreichbar sind.

Die Endzeit kommt in Wellen, jede heftiger als die vorherige. Zwischen den Wellen gibt es Phasen relativer Ruhe. Man kann sich einbilden, alles sei doch nochmal gut oder zumindest vorübergegangen, aber die nächste Welle baut sich im Hintergrund schon auf und wird desto mächtiger über uns

[1] Neue Weltordnung (englisch: new world order) ist ein politisches Schlagwort für Konzepte, international eine Friedens- und Rechtsordnung durch ein System der kollektiven Sicherheit zu etablieren. Der Begriff ist insbesondere in der Außenpolitik der Vereinigten Staaten des 20. Jahrhunderts eine wiederkehrende Redewendung (Wikipedia, 12.2.23).

hereinbrechen, bis die teuflischen Zukunftspläne vollendet sind. Aber Gott hat andere Pläne mit uns und eine andere Zukunft für uns vorgesehen. Auch seine Wellen rollen. Er verwirklicht mit „neuen Menschen" einen „neuen Himmel und eine neue Erde" – aber in heiliger Art und nicht in unheiliger.

Alle diese „Wehen" und „Wellen" der Endzeit kann man als Stufen zunehmender Unheiligkeit à la Satan und parallel dazu zunehmender Heiligkeit à la Gott betrachten. Oder anders gesagt, vollzieht sich ein fortschreitender Prozess des Ablegens der Unheiligkeit, welche die Welt auf jeder Ebene durchdrungen hat und sie verdirbt. Die Wiederherstellung der Heiligkeit ist DAS große Endzeit-Werk. Dabei geht es nicht um eine *religiöse* Heiligkeit, sondern um die ECHTE. Darüber handelt dieses Buch. Die Wiederherstellung der Heiligkeit geht einher mit der Wiederherstellung der Gemeinde. Sie wird wieder, was sie einmal war: Gottes Gegenüber, und noch mehr: Die Braut des Lammes (vgl. Offb 19,9 und 21,2.9; vgl. auch Jes 54,1, Hes 16,8, Hos 2 und das Hohelied).

Vom Untergang zum Aufgang

Schaue ich mir die Themen der sieben Bücher an, die zu schreiben mir aufgetragen wurde, dann sind es durch die Bank grundlegende Aspekte einer christlichen Spiritualität, die seltsamerweise in der Kirche der Gegenwart nur fragmentarisch vermittelt werden. Jedenfalls nicht so, dass man sein Leben danach richten und darauf bauen kann. Vieles, was im Neuen Testament als „normal" beschrieben wird, kommt im modernen Gemeinde-Alltag nicht vor[2]. Gewöhnt an die weitgehende Abwesenheit all dessen, was der *Heilige* Geist der *Heiligen* Schrift nach in, an und durch uns – die *Heiligen* – tut, lebt die Christenheit nur ein Schattendasein ihrer selbst, während sie das Licht der Welt und das Salz der Erde sein sollte.

[2] An dieser Stelle will ich auf das weltberühmt gewordene Buch von Watchman Nee hinweisen: „Das normale Christenleben".

All die göttlichen Kräfte, Wirkungen und Dienste, welche die Gemeinde kennzeichnen sollten (vgl. 1 Kor 12,4-6), wurden auf ein menschliches Maß heruntergeschraubt oder uminterpretiert, damit sie unter der Kontrolle des Systems bleiben – in diesem Fall der religiösen Struktur, die nahtlos integriert ist in die unheilige Weltmatrix der *„Gewalten und Mächte, der Weltbeherrscher dieser Finsternis, der Geister der Bosheit in himmlischen Regionen"* (vgl. Eph 6,12).

Es ist für viele Menschen und auch Christen sehr schwer zu begreifen, dass das Böse zumeist gar nicht böse aussieht, sondern nett und freundlich, besorgt um Menschenrechte und Frieden. Erst wenn man näher hinschaut, erkennt man hinter den wohlklingenden Worten die trügerische Interpretation der Begriffe. Hinter dem Schleier der Gutmenschlichkeit offenbaren sich unvorstellbare Korruption, Perversion, Gottlosigkeit und systematische Ungerechtigkeit. Der Teufel trägt Anzug und Krawatte und bringt die Menschen „ganz sachlich" gegeneinander auf. Vielleicht bekommt er den Friedensnobelpreis dafür, dass er mehr Bomben auf Zivilisten geworfen und mehr Drohneneinsätze genehmigt hat, als jeder andere. Das muss honoriert werden!

Die Endzeit ist davon gekennzeichnet, mit diesen Gewalten und Mächten in einem finalen Ringkampf zu liegen, der in der Vergangenheit so häufig zu Ungunsten der Gemeinde ausging, dass niemand damit rechnet, dass dies noch einmal anders werden könnte. Scheint die Kirche doch ganz den Weg in die unheilige Matrix mitzugehen und wie alle Unternehmen dieser Welt auf Geld gegründet zu sein und davon kontrolliert zu werden und nicht auf Christus und darauf, von ihm geführt zu werden.

Regelmäßig in der Geschichte kollabierte das Finanzsystem in einem „Crash". Dann trat die große Ernüchterung darüber ein, dass so etwas passieren kann. Im Gegenzug füllten sich die Kirchen mit Menschen, die alles verloren hatten, und es wurden die erstaunlichsten Erfahrungen mit Gottes Versorgung gemacht. *Die Welt greift auf begrenzte Ressourcen zurück, der*

Himmel auf unbegrenzte. Er kauft nicht, was benötigt wird, *sondern spricht es in Existenz.* Die Entdeckung dieses heiligen Glaubensprinzips wendet die Verzweiflung zu Erstaunen. Eine andere – heilige – Art zu leben, eröffnet sich. Da kommt Freude auf – heilige Freude. Wer sie erlebt hat, weiß, dass für Geld nichts Vergleichbares zu bekommen ist. Sie ist zutiefst menschlich und höchst göttlich zugleich. Aber sobald es den Menschen wieder besser ging, vergaßen sie Gott und bauten erneut mit allem Fleiß auf ihre eigene Leistungsfähigkeit und auf Mammon … bis zum nächsten Crash.

Die Vergesslichkeit in diesem Zusammenhang kann nur als besorgniserregend bezeichnet werden. Für mich zeigt sich gerade an diesem pathologischen Erinnerungsverlust, dass die „Geister der Bosheit in himmlischen Regionen" den Schleier des Vergessens über die Wahrnehmung der Menschen legen.

> *Preise den HERRN, meine Seele, und vergiss nicht alle seine Wohltaten!* (Ps 103,2).

Zerreißprobe

Das Zusammenfallen der gegensätzlichen Pole von Untergang und Aufgang in *einen* sich gegenseitig auflösenden Moment, ist die Zerreißprobe, in der wir stehen. Heftige Widersprüchlichkeit ist auf Erden die derzeitige Norm. Wahnsinn ist heute die neue Vernunft. Aufgrund des magnetischen Widerstandes von aufeinanderprallenden Polen fliegt alles in extreme Gegensätze auseinander; der Druck (die Kompression) zwischen den Polen wird so groß, dass die „Mitte" mit ihren integrativen und ausgleichenden Eigenschaften gänzlich verschwindet.[3]

Unter diesen Umständen eine verbindende, ausgewogene, auf Langfristigkeit angelegte Politik zu machen, ist meines Erachtens zum Scheitern verurteilt. Umgekehrt wird einfach alles sowohl fragiler als auch chaotischer – und das in rasendem

---

[3] Ich wende hier das Prinzip des Magnetismus auf gesellschaftliche Prozesse an.

Tempo. Die Mittel und Modelle, Werkzeuge und Strategien der Vergangenheit greifen unter diesen Umständen nicht mehr. Sie waren auf Kontinuität und Berechenbarkeit angelegt, aber nicht auf Wandel und Tumult als neuer Norm.

Menschen sind verwirrt und verängstigt, die „alte" Politik und ihre Medien sind nicht mehr in der Lage, sie zu beruhigen. So ist die Situation „nervös" und kann sich nicht mehr einpegeln. Seit Jahren schon wird das „Ruhe finden" immer schwerer und die Verschreibungen von entsprechenden Medikamenten gehen durch die Decke. Neuerdings bricht die Produktion der pharmazeutischen Produkte zusammen, da es den Firmen an den Grundsubstanzen mangelt und Lieferengpässe entstehen. Was dann? Was geschieht, wenn die unvorstellbaren Mengen an Psychopharmaka nicht mehr zur Verfügung stehen? Dann muss die „Ruhe" woanders gefunden werden.

> *Kommt her zu mir, alle ihr Mühseligen und Beladenen! Und ich werde euch Ruhe geben. Nehmt auf euch mein Joch, und lernt von mir! Denn ich bin sanftmütig und von Herzen demütig, und „ihr werdet Ruhe finden für eure Seelen"; denn mein Joch ist sanft, und meine Last ist leicht* (Mt 11,28-30).

Woran mit ungeheurem Aufwand unter zunehmender Zerstörung der kompletten Umwelt gearbeitet wird, um es – gegen eine Menge Geld – in chemischer Form zur Verfügung zu stellen, das gibt Gott uns durch Jesus einfach so. Wir müssen uns nur an ihn wenden, darum bitten und auf sein Angebot reagieren. Das nennt sich „Glauben". Die Ruhe, die Gott liefert, ist umfänglich und ganzheitlich, sie hat keine Nebenwirkungen und macht nicht müde, sondern wach. Die Erfahrung, dass Gott „sicher" ist, gleicht einer Sensation, einer gewaltigen Möglichkeit, zur Ruhe zu kommen unter seiner Hand. Für alles und jedes, was Gott uns anbietet, ist ein und derselbe Preis zu entrichten: Glauben. Gott zwingt sein Heil – inklusive seiner „Medizin" – niemandem auf.

Himmel und Erde sind meine Zeugen: Ich habe euch heute Segen und Fluch, Leben und Tod vor Augen gestellt. Wählt das Leben, damit ihr am Leben bleibt, ihr und eure Nachkommen! (5 Mose 30,19 GNB).

Vom Schein zum Sein

Die imperialen Strukturen, welche die Gewalten und Mächte zur Kontrolle der Welt seit jeher aufrichten, nennen sich in der Bibel u. a. „Babylon". Es ist die „Stadt des Menschen" im Gegensatz zur Stadt Gottes, dem himmlischen Jerusalem. Da die Welt-Unterwerfung und Welt-Umwandlung zu „Babylon" (wrtl.: „Verwirrung") im dualistischen bzw. gespiegelten Gegensatz zu Jerusalem („Frieden") mindestens seit dem Sündenfall im Gange ist, finden wir Babylon in der Bibel überall erwähnt. Allseits bekannt ist gleich im ersten Buch Mose der Turmbau zu Babel.

Seltsamerweise ist der unvollendete Turm die Vorlage für das Hauptgebäude der Europäischen Union in Straßburg. Unverhohlen zeigt dieses Machtzentrum, welch Geistes Kind es ist. Ebenso tun es viele andere, wenn wir nur einmal auf ihre Symbole und Embleme, Flaggen und Wappen, Architektur und Riten achten. Manchmal, wenn man den Ton der Informationssendungen ausschaltet, sieht man auf einmal allerlei von dem, was einem verborgen bleibt, wenn man von dem wirren Gerede zugetextet wird und innerlich abschaltet. Möglicherweise finden wir bei der Stummschaltung Unstimmigkeiten im Hintergrund oder bei den auftretenden Figuren, die uns fragen lassen, wie echt das eigentlich ist, was wir da präsentiert bekommen. In dieser „Anti-Welt" leben wir und versuchen, in Jesu Namen heilig zu sein …

Nun hat diese Gegenwelt auch ein Konzept von „Heiligkeit" parat, welches sie denen anbietet, die heilig sein wollen. Es ist eine Schein-Heiligkeit, die äußerlich ein moralisches, frommes und soziales Verhalten verlangt, analog zu den Schriftgelehrten und Pharisäern, mit denen Jesus es in den Evangelien zu tun hatte. An den heftigen Auseinandersetzungen mit ihnen, die darin gipfelten, dass sie, die Frommen und Guten, Jesus als den „Bösen" und „Scharlatan" ans Kreuz lieferten, sehen wir, wie mörderisch diese Art von Pseudo-„Heiligkeit" ist, wenn sie aufgedeckt wird. Tatsächlich vergleicht Jesus die Tugendwächter und Religiösen seiner Zeit mit „Gräbern": Von außen schön gepflegt, aber von innen voller Fäulnis und Totengebeinen (vgl. Mt 23,27). Vor niemand anderem warnt Jesus mehr, als vor diesen Leuten! Sie richten gewaltige Institutionen auf, welche die „Laien" gegen eine Gebühr verwalten und schön auf dem Boden halten.

Die wirkliche Heiligkeit, die nicht in ihrer „sakramentalen" Verfügung steht, sondern ausschließlich in der Macht Gottes, kann innerhalb dieser streng reglementierten und kontrollierten Strukturen nicht ausbrechen. Sie würde den Rahmen sprengen und für Unordnung sorgen – genau wie Jesus es seinerzeit in der Synagoge getan hatte. In der Folge würde alles erneut genauso in sein Gegenteil verkehrt werden – wie in den Evangelien vorgezeichnet. Die Scheinheiligen würden die wahre Heiligkeit als „vom Teufel" diagnostizieren; denn sie macht die Menschen unfassbar frei und sorgt für „wilde" Szenen – in der Synagoge bzw. Kirche! Das muss geprüft und geregelt werden ... Wo bleibt die würdige Haltung, wo die Unterordnung, wo die Legitimation von der Hierarchie, welche die Lizenzen erteilt?

Identität

Das Sein ist im Schein unerwünscht. Die wirkliche Heiligkeit ist in der Welt der „So-tun-als-ob-Heiligkeit" ein Sakrileg, eine „Sünde". Mit diesem Paradox haben wir es in allen Bereichen zu tun.

- Der Mörder Barabbas wurde freigelassen, um den Menschenheiler Jesus in den Kerker zu werfen.

- Die Sünder liefen Jesus hinterher, während die Pharisäer und Schriftgelehrten, die religiösen Gutmenschen ihrer Zeit, ihn vor das Gericht zerrten und als Gotteslästerer zum Tode verurteilten.
- Die „bösen Römer" wollten ihn nicht verurteilen, weil sie kein Unrecht an ihm fanden, aber die religiöse Elite der Juden bestand darauf.

Es ist sehr ernüchternd, wenn Gott uns diesen widersinnigen Zustand offenbart: dass so gut wie alle auf den Schein setzen und nicht auf das Sein, dass die Fiktion wichtiger ist als die Realität und dass der echte Gott und der echte Mensch unerwünscht sind im Theater der selbstvergessenen Welt der Lüge.

Das ist das Wesen der Unheiligkeit:
Sie hat kein Interesse an der Wahrheit!

Wie viele Menschen leiden daran, dass sie sich chronisch übersehen fühlen? Niemand hat ein Interesse an ihnen um ihrer selbst willen. Alle scheinen besser als sie selbst zu wissen, wer sie zu sein und was sie zu tun haben. Sie versuchen, die ihnen zugedachten Rollen zu spielen, fühlen sich aber fremd dabei.

Immer wenn Gott uns erweckt und erleuchtet, geht es zuerst um die Frage unserer Identität. Die ist heilig. Die Welt kann uns nichts darüber sagen, sie kann uns in unserer Göttlichkeit nicht erkennen und nicht stehen lassen. Also zieht sie uns herab auf eine irdisch-menschliche Ebene und gibt uns Menschen und Ideologien als Spiegel, um uns darin zu erkennen. Aber nur im Spiegel Gottes erkennen wir uns, wie wir wirklich sind. Wir erkennen dort ein Wesen, das so eins ist mit Gott und so viel höher als die Welt ist, wie der Himmel höher ist als sie (vgl. Jes 55,9). Am Ende der Welt geht es um die volle Offenbarung dieser Identität vor den Augen der Welt mit ihrem pervertierten Selbstverständnis und „Image".

> *Denn das sehnsüchtige Harren der Schöpfung wartet auf die Offenbarung der Söhne Gottes. Denn die Schöpfung ist der Nichtigkeit unterworfen worden – nicht freiwillig, sondern durch den, der sie unterworfen hat – auf Hoffnung hin, dass auch selbst die Schöpfung von der Knechtschaft der Vergänglichkeit frei gemacht werden wird zur Freiheit der Herrlichkeit der Kinder Gottes* (Röm 8,19-21).

Noch einmal weise ich darauf hin, dass es bei der Freiheit der Herrlichkeit der Söhne bzw. Kinder Gottes nicht um religiöse Handlungen, sondern um einen *Seinszustand* geht. Und wenn wir es SIND, dann TUN wir es auch. Das heißt: Heiliges Handeln fließt aus heiligem Sein. Und das ohne Aufsicht und Drill von religiösen Wächtern. Im Gebet ging mir Folgendes durch Kopf und Herz:

> Die Gegenwart des Herrn ist die Grundlage von allem. Nur sie macht die Kirche zur Kirche. Alles andere ist verloren und Verrat. Wir wollen nicht „irgendwas" machen, sondern etwas sein. Wir wollen nicht etwas veranstalten, sondern etwas zur Geburt zu bringen. Das ist was ganz anderes und geht an die Substanz. Man kann Gott nicht veranstalten.
> Die Frage ist weniger: „Was machst du?", sondern vielmehr: „Wer bist du?" Wir werden immer tun, was wir sind. Also verändere das Sein, dann ist das mit dem Tun kein Problem. Mach den Baum richtig, dann ist es auch die Frucht. Wir meinen immer wieder ganz naiv, unsere Unfruchtbarkeit liege tatsächlich an misslichen Umständen oder schlechter Methodik und nicht daran, dass wir eben unfruchtbar **sind**. Also ist Transformation wirklich ein existentiell wichtiges Thema und unvermeidlich. Sonst wird zwingend wiederholt, was war, weil nichts Neues wird.

Kapitel 2

Das Spiegeluniversum

Wehe denen, die das Böse gut nennen und das Gute böse; die Finsternis zu Licht machen und Licht zu Finsternis; die Bitteres zu Süßem machen und Süßes zu Bitterem!

Jesaja 5,20

Schon früh in meinem Christsein begann ich, mich mit dem Begriff „Heiligkeit" auseinanderzusetzen. Zunächst war er mir fremd und antiquiert. Dann wurde ich mit der negativen, ja bedrohlichen Tatsache konfrontiert, dass Gott heilig ist und ich nicht. Er war (und ist) auch „stark und mächtig", ich dagegen schwach und ohnmächtig. Der Anspruch der Heiligkeit war mir unerreichbar hoch; Abhilfe sollte die „Gnade" schaffen. Aber wie? Indem Gott immer und immer wieder meine Sünden vergab, die nie weniger werden wollten?

Sünden-Management

Das tägliche Sündenbekennen wurde zum Ritual. In seiner Folge verfestigte sich ein Sünden-Selbstbewusstsein. Ich war ein Sünder, der heilig sein sollte! Ich musste üben, die Sünde zu vermeiden, musste üben, heilig zu tun, ohne es zu sein. Dabei heraus kamen Heuchelei und Leistungsfrömmigkeit, aber keine Heiligkeit. Dieses „Sünden-Management", wie ich es nenne, machte mich fertig. Gottesdienste wurden zu reinen Pflichtveranstaltungen, von Freude keine Spur. Nur aufgesetzt ...

> Als Christ war ich ein Leben lang von Ganzheitsdiktaten umgeben. Die Bergpredigt sagte mir, dass ich vollkommen sein soll, wie unser Vater im Himmel vollkommen ist (Mt 5,47). Sie sagte mir, dass ich dem auch den Mantel lassen soll, der meinen Rock will (Mt 5,40). Wenn ich als Jünger den Ruf der Nachfolge höre, zunächst aber den soeben verstorbenen Vater begraben will, sagt mir die Stimme des Meisters: „Folge mir und lass die Toten ihre Toten begraben!" (Mt 8,22). Die Bergpredigt verheißt mir das höllische Feuer, wenn ich meinen Bruder einen Narren nenne (Mt 5,22). Nichts Halbes also! Alles oder nichts! ...
> Reinheit wurde zum wichtigen Begriff und Ziel, die sexuelle Reinheit, die Reinheit des Glaubens ...
> Ich vermute, dass Selbstlosigkeit die Hauptfärbung christlicher Moralvorstellungen war. Das Glück, das Spiel, und die Heiterkeit standen immer unter Verdacht. Wie lange hat es gedauert, bis Sexualität ihren Platz und ihr Recht bekam; bis Gehorsam nicht mehr als die Haupttugend galt?[1]

Eines Tages verlangte Gott von mir, mit dem Sündenmanagement aufzuhören, es langweile ihn genauso wie mich, immer und immer wieder dieselbe Leier zu hören. Er würde gerne mal über etwas anderes mit mir reden. Ich war völlig perplex. Ich dachte, Gottes höchstes Interesse gelte der Sünde und er würde über gar nichts anderes reden wollen als nur darüber. Aber nein, er wollte mit mir über *das Leben* sprechen. Ach ja, da war ja noch was ...

> *Ich aber bin gekommen, um ihnen das Leben zu geben, Leben im Überfluss* (Joh 10,10b GNB).

---

[1] Fulbert Steffensky, „Die Kunst des halben Gelingens", P&S-Magazin 4/22, S. 11.

Zu meinem Erstaunen musste ich feststellen sowie zugeben, dass ich über das Leben nicht mehr wusste als über viele anderen Attribute Gottes, etwa seine Kraft ... oder den Frieden (Schalom) ... oder die Freude ... oder die Liebe ... oder eben die Heiligkeit! Die Liste könnte ich noch um viele Begriffe ergänzen. Mein geistliches Leben war extrem eingeschränkt und fixiert auf das, was *nicht* ist, anstatt auf das, was ist. Aber das hielt ich für normal. Ich ging in alle Versammlungen der Gemeinde, wo ich dann durch passive Anwesenheit glänzte. Viel mehr als das wurde dort auch nicht verlangt. Das pralle Leben konnte ich in den Veranstaltungen nicht erkennen, es schien auch gar nicht wichtig zu sein. „Hauptsache gerettet!", war das Motto.

Ich fragte mich, wie eine Versammlung wohl aussähe, wenn tatsächlich das LEBEN oder gar die FREUDE ausbrechen würden. Schließlich betont Jesus, dass er gekommen sei, es uns „in Fülle" zu geben (vgl. Joh 10,10). Von dieser Fülle konnte ich in der Gemeinde nur wenig finden, es war mir ein Rätsel, wie vieles wir „glaubten", ohne je seine Erfüllung zu sehen. Ich gewöhnte mich daran ...

***Gewöhnung* ist eines der gefährlichen Gifte der Religion.**

Irgendwie werden die realen Erfahrungen der Erfüllung aus dem Hier und Heute herausgehalten, theologisch wegerklärt, auf früher oder später verlegt – nur nicht HIER und JETZT erlebt. Nie sind wir qualifiziert bzw. HEILIG genug für die Fülle Gottes, so lernen wir, und es klingt logisch. Auf diese Weise kann uns die komplette Herrlichkeit entgehen, zu der wir erlöst wurden! Der Fehler liegt darin, dass wir für die Qualifikation auf uns selbst und nicht auf Jesus schauen. Also dorthin, wo die Fülle nicht zu finden ist, anstatt dahin, wo sie ist. Zweifelsfrei ist ER qualifiziert und sitzt JETZT mitten in der Herrlichkeit auf ewigem Thron – *und wir mit ihm* (vgl. Eph 2,6). So die Theorie. Wie kommen wir in das hinein, wo hinein wir der Bibel nach bereits versetzt worden sind? Die absurd klingende Frage lautet: Wie können wir sein, die wir sind, und haben, was wir haben, und tun, wozu wir ermächtigt wurden?

Wie kommen wir dorthin, wo wir schon sind?

Wir leben wie in einem Spiegel zur Wirklichkeit, in welchem wir sind, die wir *nicht* sind, haben, was wir *nicht* haben, und können, was wir *nicht* können. Zum Beispiel können wir in diesem Spiegeluniversum nicht heilig sein, nur das Gegenteil davon: Sünder. Egal, was auch immer wir in diesem Spiegel versuchen, selbst wenn wir Gemeinde bauen und Gottesdienste veranstalten, es kommt nichts Heiliges dabei heraus, nur Sünde. Auf der Seite Gottes jedoch sind wir heilig mit seiner Heiligkeit. Auf seiner Seite können wir nicht sündigen, weil wir ja Heilige *sind*. Ja, wir können Fehler machen und sollen auch reifer werden in der Hingabe an die Heiligkeit mit all ihren wunderbaren Aspekten, aber *Gott aus irgendetwas heraushalten*, das ist nicht denkbar, denn wir sind seiner Natur teilhaftig – also heilig. ER in uns und WIR in ihm, das ist der Schlüssel zur Heiligkeit.

Gott ist im Himmel in allem – auch in uns –, und alles ist in ihm – auch wir.

Das ***Trennungsbewusstsein***, welches hier auf Erden unsere Wahrnehmung bestimmt und dafür sorgt, dass wir uns isoliert von Gott und den anderen betrachten, ist der Spiegel des ***Einheitsbewusstseins*** im Himmel. „Ich und der Vater sind eins", sagt Jesus in Johannes 10,30, und wir rätseln bis heute, wie genau er das meint. Wenn Menschen, die *kein* Einheitsbewusstsein haben, sondern eines des Getrenntseins, versuchen, sich Einheit vorzustellen, kommt dabei niemals heraus, was Jesus meinte. Er kam aus der vollkommenen Einheit in die äußerste Trennung und will uns aus ihr in die Einheit führen, die wir uns kaum vorstellen können.

In Johannes 15 erklärt Jesus die Situation anhand des Weinstocks und der Reben. Der Weinstock umfasst den Stock *und* die Reben. Wenn die Reben aber auf die Idee kommen, sich nicht als Teil des Weinstocks zu betrachten, sondern als etwas davon Getrenntes, werden sie „verdorren". Sie haben nämlich kein Leben aus sich selbst, sondern leben das Leben des einen Weinstocks, der *seine* Frucht *durch sie* hervorbringt. Sich getrennt vom Weinstock zu sehen und zu erleben, ist die Wirkung der Sünde.

Es ist eine Fiktion.

Jesus kann aus der Perspektive des Pflanzenstocks, der die Reben austreibt, sagen: „Ich bin der Weinstock." Aber die Reben könnten aus ihrer Perspektive heraus genauso sagen: „Wir sind der Weinstock." Alle zusammen, von der Wurzel bis zur Traube, die der Vater als Weingärtner erntet, sind gemeinsam der *eine* Weinstock, der *einem* Leben Ausdruck verleiht und seine Frucht bringt. Darum ist der Schlüssel des Evangeliums: „Bleibt in mir und ich in euch!" Unter diesen Umständen *werden* wir die Frucht bringen, die Gott sehen will. Und die ist heilig. Es kann gar nicht anders sein. Wiederum gilt: erleben wir das, sind wir selig. Wir erfahren das Geheimnis der *Frucht der Einheit*.

Das Wesen der Trennung zu überwinden,
ist Heilung und Frieden.
Es bedeutet, die Sünde zu entmachten.
Trennung ist das Wesen der Sünde,
Einheit ist das Wesen der Heiligkeit.

Gott nahekommen

Zu Beginn meines christlichen Weges hatte ich das Gefühl, gänzlich von Gott getrennt zu sein. Er war für mich „Lichtjahre entfernt", also ausgesprochen unerreichbar. Mit den Jahren baute sich das Trennungsbewusstsein ab und die Erfahrung der Verbundenheit nahm zu. Gefühlt kam Gott mir immer näher, allerdings gab es in mir eine Menge Widerstände gegen dieses Näherkommen, denn ich wusste nicht, was passieren würde. Meine Erfahrung in der Welt mit Nähe war traumatisch gewesen; darum hatte ich mich innerlich abgeschottet. Gott überwand mit unvorstellbarer Geduld eine Barriere nach der anderen. Eiserne Türen wurden entriegelt und allerlei seelische Sicherheitsmechanismen deaktiviert. Das erschreckende Ausmaß meiner Isolation, die ich weitgehend für „normal" hielt, wurde mir langsam bewusst gemacht.

Es kam der Tag, da Gott für mich wie auf der anderen Seite eines Flusses stand. Ich konnte ihn schon drüben stehen sehen und meine Gebete rüberschicken und auch etwas mehr „Segen" von ihm empfangen. Später saß er mir gegenüber an einem Tisch. Das war schon sehr nah. Ich war schrecklich befangen. Schließlich stand Gott auf, kam auf meine Seite rüber und setzte sich neben mich. Der Tisch verschwand. Die zwei Seiten waren aufgehoben, es gab kein „Hier und Dort" mehr. Gott und ich waren auf *einer Seite* und eine andere gab es nicht mehr. Das ist Einheit.

Anhand dieser großartigen und für mich verblüffenden und wieder einmal „seligen" Erfahrung entdeckte ich, dass es einen Teil in mir gibt, der diese Einheit nicht erträgt, der sie meidet, der instinktiv vor ihr wegläuft und unbedingt die Trennung braucht, um zu existieren. Dieser Teil, so fand ich heraus, ist das „Ego". Die Bibel nennt es an verschiedenen Stellen „das Fleisch". Der fleischlich gesinnte Mensch orientiert sich an sich selbst und steht dem geistlich gesinnten gegenüber, der sich am Geist orientiert. Der eine lebt die Trennung, der andere die Einheit. Der eine „Mensch" kann Einheit nicht, der andere kann Trennung nicht.

Wir alle tragen beide Anteile in uns.

Der Heilige Geist hilft uns, unser Selbstbewusstsein, also unsere Überzeugung darüber, wer wir sind (Identität), von der einen auf die andere Seite zu verlagern. Je mehr wir uns mit unserem geistlichen Sein identifizieren, desto leichter legen wir den fleischlichen Menschen ab. Wir erkennen, dass wir dieser Mensch nicht sind, sondern nur eine Rolle gespielt haben, einen Schein-Menschen inszeniert haben, den es faktisch gar nicht gibt, sondern nur als Fiktion. Das ist das Wesen der Sünde. Sie hilft uns zu sein, die wir nicht sind. Die Heiligkeit aber hilft uns, zu sein, die wir sind. Der falsche Ego-Mensch verdeckt den wahren Geistes-Menschen. Je mehr wir uns in der heiligen Version entdecken, desto freier, mächtiger und glücklicher werden wir.

Die Leistung, eine perfekte Illusion zu leben und diese für völlig real zu halten, ist verblüffend. Innerhalb dieser inszenierten Scheinwelt des Egos – ich nenne sie in diesem Kapitel das „Spiegeluniversum" – ist Gott fern und unverständlich. Die Wirklichkeit alias die Wahrheit erscheint im Rahmen der Irrealität alias der Lüge unwirklich und verkehrt. Das Ego entwirft sich selbst jenseits des Seins als ein „seiendes Nichtsein", ein Schatten, eine Projektion ohne Substanz. Wie ein Film auf der Leinwand. Um diese fiktionale Ego-Kunst-Welt zu erhalten, wird die reale Welt aufgezehrt. Sie wird ausgebeutet und ausgeblutet, bis nur noch eine leere Hülle übrig ist. Die Sünde macht alles zunichte.

> Ein Elefant, der zum Tränken an den Brunnen geführt wurde, scheute, als er im Wasser sein Spiegelbild erblickte. Er hielt es für einen anderen Elefanten und verstand nicht, dass er vor sich selbst zurückscheute.
> Neid, Haß, Zorn, Gier und Überheblichkeit, all diese schlechten Eigenschaften stören uns nicht, wenn wir sie in uns selbst finden. Sehen wir sie aber bei einem anderen, dann schrecken wir davor zurück. Uns sollte jedoch klar sein, dass wir lediglich vor uns selbst zurückschrecken.[2]

---

[2] Rumi in „Rumi", Verlag O.W. Barth 2008. Das Gleichnis vom Elefanten spricht über unseren „Schatten". Das sind unbewusste Anteile, die wir nur daran erkennen, dass wir sie auf andere projizieren. Darum lässt Gott viele solche Projektionen zu, damit wir in ihnen uns selbst erkennen.

Religion

Dabei habe ich entdeckt, wie extrem unterschiedlich die „religiöse" Darstellung im Unterschied zur Wirklichkeit ist. Tatsächlich glaube ich heute, dass Gott weder an Religion interessiert ist noch Jesus eine gegründet hat. Er ist an UNS interessiert und begründet mit uns eine neue Schöpfung. Ihr Credo: „Ich (Christus) in euch und ihr in mir." Was soll das mit Religion zu tun haben? Dass sich Menschen „nach Vorschrift" vor ihm niederwerfen, während ihr Herz dem seinen so fern ist, wie die Welt nun einmal vom Himmel entfernt ist, ist Gott ein Gräuel.

> *Er aber sprach zu ihnen: Treffend hat Jesaja über euch Heuchler geweissagt, wie geschrieben steht: „Dieses Volk ehrt mich mit den Lippen, aber ihr Herz ist weit entfernt von mir"* (Mk 7,8).

„Ihr betet an, was ihr nicht kennt", erklärt Jesus der Frau am Brunnen. „Es kommt aber die Zeit, da werdet ihr Gott so anbeten, wie er es möchte: **in Wahrheit und im Geist**" (vgl. Joh 4,23). Was soll das heißen? Wie soll das gehen? Jesus erinnert die Frau an Zusammenhänge, die ihr an sich bereits bekannt sind: „Gott IST Geist, darum muss es Anbetung ‚im Geist' sein und keine andere. Auf welchem Berg oder in welchem Tempel sie geschieht, ist dabei irrelevant." Wir müssen zugestehen, dass die religiöse Anbetung immer noch alles andere ist, nur nicht im Geist. Vorgefertigte Gebete in traditionell angelegten Liturgien werden formelhaft angeboten, um Gott zu gefallen. Aber ist das „**in** Wahrheit und **im** Geist", wovon Jesus gesprochen hat?

Das kleine Wörtchen „**in**" deutet an, dass es ein „Innerhalb" und ein „Außerhalb" gibt. Das Gebet „drinnen" ist heilig und entspricht Gott, weil er dort erkannt wird als der, der er ist und nicht wie wir ihn uns religiös oder anderweitig vorstellen – außerhalb dieses Innerhalbs.

Religion hält Gott auf Distanz, wir machen uns Bilder und entwickeln Theologien über den fernen Gott im Himmel, der Geist aber bringt ihn uns so nah, dass wir ihn tatsächlich „in Wahrheit" erkennen können oder, anders gesagt, „von Angesicht zu Angesicht". Es geht also um keine dogmatische Wahrheit, keine theologische Lehre, sondern um eine Offenbarungswahrheit. Diese zu vermitteln, ist die Aufgabe des Heiligen Geistes. Er erleuchtet die Augen unseres Herzens, damit wir *sehen* (vgl. Eph 1,17-18). Was wir zu sehen bekommen, geht weit über kirchliche Darstellungen und theologische Konzepte hinaus. Er bringt uns in das Heiligtum, in dem alle „wahr" sind – echt, unverstellt, transparent im Licht, welches alles aufdeckt und sehen lässt, wie und was es wirklich ist. Auch Gott und ebenso uns.

Heiligkeit IST Wirklichkeit,
Unheiligkeit ist Unwirklichkeit,
die so tut, als sei sie real.

Erleuchtung, Verwandlung, Erfüllung

Egal wie gut wir darin sind, uns etwas vorzumachen, sei es auch noch so religiös verbrämt oder in Übereinstimmung mit „den anderen", es bleibt unheilig und kann niemals erreichen, was Gott uns **im** Heiligen Geist offenbart und **dort** ermöglicht. Wer immer es erlebt hat, weiß wovon ich spreche. Es ist die berühmte Situation des Saulus, dem es sprichwörtlich „wie Schuppen von den Augen fiel", als Gottes Licht – heller als die Sonne! – ihn durchleuchtete (vgl. Apg 26,13), durch die wir alle auf dem Weg in die wahre Heiligkeit gehen müssen.

Dabei durchlaufen wir den Prozess der „großen Ernüchterung" darüber, dass wir bisher komplett einen Irrtum gelebt haben. Wir wurden getäuscht über alles, nicht nur über den einen oder anderen Aspekt des Lebens, etwa den religiösen, nein, wir sehen ALLES im Lichte des Geistes der Wahrheit, der es uns offenbart, als mehr oder weniger abweichend von dem, wie wir es gekannt und geglaubt haben.

> Es war einmal eine gläubige und fromme Frau, die Gott liebte. Jeden Morgen ging sie in die Kirche. Unterwegs riefen ihr die Kinder zu. Bettler sprachen sie an, aber sie war so in sich versunken, dass sie nichts wahrnahm.
> Eines Tages ging sie wie immer die Straße hinab und erreichte gerade rechtzeitig zum Gottesdienst die Kirche. Sie drückte an der Tür, doch sie ließ sich nicht öffnen. Sie versuchte es heftiger und fand die Tür verschlossen!
> Der Gedanke, dass sie zum ersten Mal in all den Jahren den Gottesdienst versäumen würde, bedrückte sie. Ratlos blickte sie auf und sah genau vor ihrem Gesicht einen Zettel an der Tür. Darauf stand: „Ich bin hier draußen!"[3]

Die „Buße", um die es im Evangelium geht, meint viel mehr als „Sünden bekennen", sie meint einen kompletten Wechsel unseres Lebens aus dem Schein ins Sein, der Finsternis ins Licht, der Täuschung in die Wahrheit, der Orientierung am Ego zur Orientierung am Geist. Und das IMMER. Es gibt keine Sonntage, die „heiliger" sind als andere Tage. Nur wenn ALLES geheiligt wird, kommen wir in jenen Raum …

- der **Erleuchtung**, sodass wir die Wirklichkeit unverhüllt erkennen;
- der **Verwandlung**, in der wir der Wirklichkeit alias der Wahrheit, die uns offenbar wird, angeglichen werden;
- der **Erfüllung** all dessen, was verheißen ist – in, an und durch uns, die Glaubenden.

In diesem heiligen Raum gehen wir von Kraft zu Kraft und Herrlichkeit zu Herrlichkeit. Dort ist das sowohl möglich als auch „normal" im Gegensatz zu dem unheiligen Raum der

---

[3] A. de Mello, „Geschichten die gut tun", Verlag Herder 2001, S. 73.

„Welt“, in dem das sowohl unmöglich als auch unnormal ist – egal wie sehr wir versuchen, heilig zu sein.

Menschen, die „vom Heiligen Geist getrieben sind“, sind wie der Wind, sagt Jesus in Johannes 3,8. Man hört den Wind zwar, weiß aber nicht, woher er kommt und wohin er geht. So sind die Heiligen, „die aus dem Geist geboren sind“. Für die Unheiligen sind sie manchmal unbegreiflich und „sonderbar“, nicht zu greifen und zu kontrollieren. Sie leben eine andere Art von Leben, welches sich grundlegend von dem ihren unterscheidet. Und das nicht nur moralisch, sondern vor allem: Sie leben es *in einer anderen Kraft* – der Kraft des Geistes. Sie leben *in einer anderen Wirklichkeit* – der Gegenwart des Himmels und Gottes.

Die Heiligen und die Unheiligen leben in der gleichen Welt in unterschiedlichen Wirklichkeiten.

Die Dynamik des Windes spricht einerseits von einer großen Freiheit, andererseits aber auch von Beweglichkeit und Macht, denn mit Wind kann man ganze Kraftwerke betreiben und Energie erzeugen. Tatsächlich bedingen sich diese drei Aspekte: Die größere Freiheit braucht auch größere Beweglichkeit, und die benötigt mehr Kraft. Wenn wir bleiben, die wir im Rahmen der Welt geworden sind, nützt uns die größte Befreiung nichts. Wir müssen durch eine mächtige Transformation gehen und dann auf einem Niveau von Licht und Herrlichkeit leben, welches uns in der unheiligen Variante gar nicht denkbar war. Wer immer diese Qualität von Freiheit erlebt, zu der Jesus uns befreit hat (vgl. Gal 5,1), der ist „selig“.

Das Evangelium auf die Vergebung der Sünden zu reduzieren, *ohne* in die große Freiheit und Dynamik sowie die Macht Christi einzutreten, kann nur als tragisch bezeichnet werden. Tatsächlich rät Paulus, dass wir uns von Menschen, *„die den Schein von Frömmigkeit haben, aber ihre Kraft verleugnen“*, **abwenden** sollen (vgl. 2 Tim 3,5). Das ist eine Ansage, die uns gar nicht christlich vorkommt. Wir wollen doch die „Kirche für alle“ sein. Im Ergebnis haben wir jedoch ganze Gemeinden, die „den Schein“ haben, aber die Kraft verleugnen. Sie werden von der Schein-Welt unterstützt, da sie ihr entsprechen. In dem Moment aber, wo die Kraft Gottes ins Spiel kommt, geschieht Verwandlung, und dann wird eine solche Gemeinde voraussichtlich zur Sekte erklärt. Privilegien wie Gemeinnützigkeit werden ihr bald entzogen, Rufschädigung initiiert, Agenten der Sektenbeauftragten auf sie angesetzt usw. Der Preis dafür, den *Weg des Geistes und des Lebens, der Verwandlung und der Kraft* zu gehen, ist höher, als es viele gutgläubige Menschen für möglich halten. Sie wollen die Kraft doch für das Gute und das Heil einsetzen – siehe Missionsbefehl! Erstaunt müssen sie dann feststellen, dass sie kaum jemand haben will ... wir haben schließlich für alles Institutionen und Fachleute, die sich professionell um jede Eventualität kümmern.

Stephanus

> *Stephanus aber, voller Gnade und Kraft, tat Wunder und große Zeichen unter dem Volk. Es standen aber einige aus der sogenannten Synagoge der Libertiner und der Kyrenäer und der Alexandriner auf und derer von Zilizien und Asien und stritten mit Stephanus. Und sie konnten der Weisheit und dem Geist nicht widerstehen, womit er redete. Da schoben sie heimlich Männer vor, die sagten: Wir haben ihn Lästerworte reden hören gegen Mose und Gott* (Apg 6,8-11).

Im Gebet teilte mir Jesus vor Jahren einmal etwas über Stephanus und das „religiöse System“ mit, welches ihn anklagte:

> Deine Orientierung muss auf mich gerichtet sein, dann wird es in den Konfrontationen mit dem religiösen System so sein wie damals, als Stephanus ihm gegenübergestellt war. Er war größer als das ganze System bzw. frei von ihm. Sein nicht vom System bewirktes geistliches und menschliches Format und

sein ungenehmigtes und ungeprüftes „mich sehen" (er sah den Himmel offen und mich zur Rechten des Thrones stehen – vgl. Apg 7,55 – und sein Angesicht leuchtete wie das eines Engels – vgl. Apg 6,15) waren für das System unerträglich und völlig bedrohlich.

- Im Gegensatz zum System sah Stephanus mich.
- Im Gegensatz zum System war Stephanus voll Heiligen Geistes.
- Im Gegensatz zum System war Stephanus voll Gnade, Kraft und Weisheit.
- Im Gegensatz zum System *„tat er Wunder und große Zeichen unter dem Volk"*.

Bei diesem Punkt musste das System einfach zuschlagen. Da standen sie gegen ihn auf und *„stritten mit ihm"*. Denn auf das Volk erhoben sie Besitzansprüche. Da ist definitiv Schluss mit lustig.
Stephanus brachte es in seiner Rede vor dem Rat **ohne Furcht** auf den Punkt. Seine Rede durchbohrte das Herz der Hörer. Sie wurden alle ihrer Sünde überführt und hatten nun die Wahl, auf die Knie zu fallen und Buße zu tun oder Stephanus aus der Welt zu schaffen. Sie entschieden sich für Letzteres. Das System ist nicht in der Lage dazu, sich zu demütigen. Es muss stets Recht behalten und die andere Partei demütigen. Es muss in der herrschenden (dominanten) Position sein. Stephanus konnte man aber nicht demütigen. Er war schon vollkommen demütig, sodass ich ihn erhöhen konnte. Und er war größer als das Theater der Ankläger. Nicht mehr er, sondern sie saßen auf einmal auf der Anklagebank. Ihr ganzes „Synedrium" (ihre Ratsversammlung) wurde in der Gegenwart von Stephanus und eben in meiner Gegenwart zur Farce. Die ganze Grundlage des Verhörs vor dem „Hohen Rat" waren ja ohnehin falsche Zeugen!

Das Mysterium

Das geistliche Spiegeluniversum ist angefüllt mit Widersprüchen, Verlogenheit, Scheinbarkeit und Verdrehung. Hinter die Kulissen zu schauen bzw. im Kaninchenbau tiefer hinabzusteigen, offenbart eine perfekt arrangierte Theater- oder Film-Vorstellung, die so umfassend inszeniert ist, dass es schwer zu fassen ist. Eine kleine Lüge ist gut zu erkennen, aber je größer und vielschichtiger sie wird, desto unwahrscheinlicher erscheint es, dass sie tatsächlich verkehrt ist. Wenn doch so viele Menschen mitmachen, ja auch die Institutionen mitsamt ihren Experten mitspielen, sogar die Kirche, dann kann es doch nicht sein, dass es Lug und Trug ist! Und wenn DIE das nicht durchschauen, wer bin dann ICH, zu meinen, das zu können? Der Heilige durchschaut jedoch jeden Betrug – sei er groß oder klein – und die perfekt inszenierte Lüge; der Heilige Geist deckt sie ihm ja unentwegt auf. Um eine solche Erleuchtung zu erfahren, muss man kein Experte und Theologe sein, sondern eine Hingabe an die Heiligkeit Gottes vollziehen, die uns durch seinen Geist beständig vermittelt wird. Die „Atmosphäre des Himmels“ wird von uns „eingeatmet“; wir werden inspiriert.

Wahre Heiligkeit wird nicht erarbeitet, sondern empfangen! Nicht wir passen uns ihr an, sondern sie passt uns sich selbst an.

Wir versuchen nicht, Gebote zu halten, wie immer wir die auslegen, um heilig zu werden, sondern weil wir heilig sind, halten wir die Gebote. Gott versetzt uns in Christus – den Heiligen und Gesalbten – hinein, und in Ihm sind wir gleich am Ziel. ER hat die Bedingungen erfüllt, damit wir Gott von Angesicht zu Angesicht nahekommen können – so nah wie Jesu selbst. Er hat den Preis entrichtet, es bleibt für uns nichts mehr übrig, weder zu tun, noch zu bezahlen. Die Sünden sind erledigt, die Trennung von Gott ist aufgehoben – in Ihm.

Worin also besteht das Problem für die Gläubigen? Warum treten sie nicht in Christus hinein – mit der Taufe? Warum führen viele weiter ein Leben, dem man die Erlösung nicht ansieht? Weil sie immer noch auf sich selbst starren, anstatt auf Jesus, um es – mit seiner Hilfe – doch noch *selbst* hinzubekommen. Aber Jesus hilft uns nicht, eine *eigene* Heiligkeit zu erlangen, weil wir die echte ja bereits in IHM haben. An diesem Punkt scheiden sich die (religiösen) Geister.

Die wahre Heiligkeit ist ein Einssein mit Gott selbst. Was wissen wir denn darüber? Kann man das überhaupt „wissen"? Der Heilige Geist taucht (tauft) uns in die Heiligkeit Gottes hinein, die in Christus, seinem Sohn, resident ist. ER lebt und kennt die völlige Einheit mit Gott-Vater, die ihm auch an allem Anteil gibt, was Gottes ist. Alles Göttliche ist ein heiliges Geheimnis, ein „Mysterium". Wie können wir es betreten bzw. erfahren? In Christus! In ihm kommen wir mit dem Himmel und allem Himmlischen in Berührung. Jesus wird für uns der Weg dorthin und die Tür dahinein.

> ***In ihm*** *haben wir die Erlösung durch sein Blut, die Vergebung der Vergehungen, nach dem Reichtum seiner Gnade, die er uns reichlich gegeben hat in aller Weisheit und Einsicht. Er hat uns ja das Geheimnis seines Willens zu erkennen gegeben nach seinem Wohlgefallen, das er sich vorgenommen hat* ***in ihm*** *für die Verwaltung bei der Erfüllung der Zeiten; alles zusammenzufassen* ***in dem Christus****, das, was in den Himmeln, und das, was auf der Erde ist –* ***in ihm*** (Eph 1,7-10).

Man kann Heiligkeit vielleicht theoretisch-theologisch auf allerlei Weise definieren, aber das bringt uns nicht in den realen Kontakt damit; nur Jesus kann das mit uns vollziehen, in ihm begegnen wir dem wahren Gott, der auch uns völlig wahr macht. Das ist eine Wirkung der Heiligkeit. Wie sehr wir *nicht* sind, die wir eigentlich sind, wird uns erst in der Gegenwart dessen bewusst, der ganz und gar er selbst ist.

Erfahren wir die Heiligkeit Gottes, finden wir nicht so einfach die passenden Worte, um darüber zu sprechen. Wir brauchen eine neue Sprache. Viele Beispiele der Bibel sprechen von einer zeitweisen Art von „Stummheit". Es kann auch sowas wie eine „Erstarrung" geben, wenn Menschen durch eine Offenbarung die Heiligkeit Gottes zu sehen bekommen. Menschen sind möglicherweise wie „entrückt", während ihr Körper regungslos daliegt, sitzt oder steht – manchmal für Tage. Ein physiologisches Wunder! Andersherum kann sie Menschen auch in Bewegung versetzen und sie laufen oder tanzen umher, wie sie das an sich gar nicht vermögen. Auch wurde und wird das Phänomen beschrieben, dass Menschen in der Berührung mit der Heiligkeit bzw. Herrlichkeit Gottes buchstäblich abheben und schweben. Jeglicher Last enthoben, steigen sie auf. Auch andere bizarre Phänomene – etwa von herzzerreißendem Schluchzen oder euphorischem Lachen – werden beschrieben. Das kann sogar Gruppen oder ganze Gemeinden erfassen, was jegliche menschliche Leitung eines Gottesdienstes unmöglich macht. Menschen können himmlische Musik *hören*, Engel und himmlische Orte *sehen*, Gottes Hand auf sich *spüren* und heiligen Weihrauch *riechen*. Es kann ihnen so real sein, dass sie kaum glauben können, dass das nicht jeder in ihrem Umfeld so bemerkt.

Schmeckt und seht ...

Interessant an diesen Erfahrungen ist, wie *sinnlich* sie sein können. Es wird berichtet, dass einige vom „Wein des Geistes" (vgl. Eph 5,18) trinken, bis sie sich völlig betrunken benehmen. Andere stürzen zu Boden und winden sich wie eine Schlange, während schreiend Dämonen ausfahren! Die Bewegungen scheinen menschlich nicht möglich zu sein.

Viele solche Reaktionen auf die direkte Berührung mit der Heiligkeit Gottes erscheinen uns gar nicht heilig zu sein, wie immer unsere religiösen Vorstellungen darüber traditionell auch aussehen mögen. Es kann sein, dass vor der „heiligen Ordnung" erst einmal das „heilige Chaos" ausbricht. In Christus treffen Himmel und Erde aufeinander. Je unheiliger und egomanischer diese Welt ist, desto krasser fällt der „Zusammenstoß“ mit dem Himmel aus. Unreinheit trifft auf Reinheit, Dunkelheit auf Licht, Tod auf Leben. Manche Gemeinden weichen dieser Konfrontation konsequent aus, damit bloß die kirchliche Ruhe gewahrt bleibt, die sie fälschlicherweise mit Heiligkeit assoziieren.

So paradox es auch erscheinen mag, kann die Heiligkeit uns krank machen. Jedoch ist es eine andere Art von Krankheit als die irdische Variante. In der Berührung mit der Heiligkeit und der Konfrontation der gewohnten Unheiligkeit, beginnt uns die Gegenwart Gottes zu verwandeln. Altes vergeht und Neues wird. In diesem Prozess von Auflösung und Neuformierung können wir uns erschöpft, desorientiert, antriebslos und gebrechlich fühlen. Die Heiligkeit gräbt tiefe Verletzungen aus und unser Inneres wird davon geradezu überschwemmt. Dachten wir, die Erlösung fühle sich nur „gut“ an, werden wir eines Besseren belehrt. Sie stellt uns wieder her, bringt uns auf ein neues Niveau von Leben und Produktivität, dafür aber holt sie die Verlorenheit, Lähmung und Depression aus uns heraus. Es ist wie eine Entgiftung. Vielleicht liegen wir mit Fieber im Bett, so krass sind die inneren Prozesse. Fiebersenkende Mittel schlagen nicht an, denn dies ist ja keine normale Krankheit, sondern ein heiliger Reinigungsprozess, der uns an die Substanz geht. Sind wir durch, sind wir froh.

> Es erstaunt mich, wenn jemand, der den Spiegel seiner Seele reinigen will, sich beklagt, weil es bei der Politur nicht immer sanft zugeht. Die Grobheit gilt nicht der Seele, sondern ihren schlechten Eigenschaften. Wenn man einen Teppich klopft, gelten die Schläge nicht ihm, sondern dem Staub, von dem er befreit werden soll.[4]

Da wir in solchen transformativen Phasen superempfindlich sein können, verwirrt und ganz in Beschlag genommen von

---

[4] Rumi in „Rumi“, O.W. Barth-Verlag 2008.

inwendigen Prozessen, kann es durchaus nach einer psychischen Störung aussehen, die Ärzte dann als „depressiven Schub“ oder etwas dergleichen behandeln wollen. Ihre Diagnostik hinsichtlich spiritueller Wirkungen auf psychische Prozesse und physische Reaktionen darauf, ist begrenzt oder nicht vorhanden. Also behandeln sie auf der falschen Ebene. Dies kann die Problematik dann noch steigern, anstatt sie zu mildern. Obwohl uns Krankschreibungen in diesen Zeiten sehr entlasten können ...

Das heilige Leben ist das eigentliche Leben, nicht eine Art Beiwerk am Sonntag für Andacht und mildtätige Zwecke. Der Geist macht uns lebendig, heißt es, aber wie sehr, das ist die Frage. Zumindest so sehr, „dass Ströme lebendigen Wassers von unseren Leibern fließen“, wie es in Johannes 7,38-39 heißt:

> *Wer an mich glaubt, wie die Schrift gesagt hat, aus seinem Leibe werden Ströme lebendigen Wassers fließen. Dies aber sagte er von dem Geist, den die empfangen sollten, die an ihn glaubten ...*

Heiliges Niveau

Wir müssen uns vorstellen, dass wir mit himmlischen Energien konfrontiert sind, die höher sind als die irdischen. Sie können Tote auferwecken, Kranke heilen von egal was, Menschen erneuern und verjüngen. Sie stehen über der Zeit, sind also ewiger Natur und heben Naturgesetze durch höhere Gesetze auf. Um in diesen Dimensionen zu leben, werden wir verwandelt bzw. an sie angepasst. Es ist eine geistgewirkte Initiation, durch die wir auf eine höhere Ebene von Wirklichkeit und deren Wirkung gelangen, die auch eine größere Kraft braucht. *„Wenn der Heilige Geist auf euch gekommen sein wird, werdet ihr Kraft empfangen ...“,* sagte Jesus (vgl. Apg 1,8). Und genauso ist es. Wir werden von Jesus in diesen Geist mit seiner heiligen Macht hineingetauft. Seine Kraft wird an anderer Stelle auch „Feuer" genannt. An Pfingsten fiel es auf die Jünger, besser noch, es fiel in sie hinein. Sie waren danach in der Lage, eine revolutionäre, weltverändernde Bewegung ans Laufen zu bringen; ihre Unermüdlichkeit, Präsenz und Macht waren unbeschreiblich. Engel halfen ihnen, auf einem Niveau von Kraft, Liebe und Besonnenheit (vgl. 2 Tim 1,7) zu leben und zu wirken, wie es das noch gar nicht gegeben hatte. Sie vollbrachten nicht nur einzelne Wunder wie die mit heiligem Geist und Kraft gesalbten Männer und Frauen Gottes im Alten Testament, sondern waren neuerdings mit diesem Geist und dieser Kraft erfüllt und *lebten darin*. Ihr komplettes Sein wurde „durchgeistet", um ein heiliger Wohnort Gottes zu werden. Was zuvor äußerlich im Tempel veranstaltet wurde, um ihn ein „Haus Gottes" zu nennen, geschah jetzt inwendig in den Herzen der Gläubigen, was nun sie selbst zu lebendigen Tempeln machte. Wo immer sie hinkamen, brachten sie die Gegenwart Gottes mit. Durch sie bekam die Matrix des Spiegeluniversums Risse, und die himmlische Realität, für die der Mensch geschaffen ist, wurde durch diese Löcher sichtbar und erlebbar. Daran hat sich nichts geändert.

> Ist der Palast des Herzens fertig erbaut und von aller Begierde gereinigt, dann hält der Geliebte Einzug. Fortan bedarf es keiner Vermittler und keiner Audienz mehr, um mit Gott zu sprechen, denn das Herz selbst ist zu seinem Wohnort geworden.[5]

[5] Rumi, s.o.

Kapitel 3

Das Pendel schlägt zurück

Denn ich werde das Geschick des Landes wenden, wie im Anfang, spricht der Herr.

Jeremia 33,11b

In einer Vision sah ich das riesige Pendel einer gewaltigen Standuhr. Es sollte eigentlich frei schwingen – von einer auf die andere Seite und wieder zurück –, ein ständiger Ausgleich. *Ausgleich* ist ein universelles Prinzip. Wir finden es in dem Gebot: Auge um Auge, Zahn um Zahn. Wie du mir, so ich dir. Jesus nimmt in Matthäus 5,38 darauf Bezug.

Justitia trägt in einer Hand die Waage und in der anderen das Schwert. Die Waage muss immer austariert sein. Jede Seite muss berücksichtig werden. Die Wiederherstellung und der Erhalt dieser Ausgewogenheit ist ein Wesenszug der Gerechtigkeit. Soweit also das Pendel auf die eine Seite schlägt, soweit muss es dann auch auf die andere fallen.

Korruption

Nun leben wir aber in einer Welt, in der alles käuflich ist, so auch die Gerechtigkeit. Verkehrtheit, Bosheit, Perversion und dergleichen werden im Spiegeluniversum stets hoch gehandelt und sehr gut bezahlt, während der Ehrliche immer der Dumme ist. Die großen Gauner werden laufen gelassen, die kleinen eingesperrt. Die Welt ist komplett im Ungleichgewicht, verliert die Mitte und das Maß, bis nur noch Extreme übrig sind.

Ich sah das Pendel sehr hoch auf eine Seite schlagen, als habe jemand nachgeholfen. Dann wurde es in dieser überhöhten Position „eingefroren". Das heißt, es wurde blockiert und konnte sich nicht mehr bewegen. Der natürliche Rhythmus des Ausgleiches war damit unterbrochen, nur noch eine Seite war möglich, wurde anerkannt, war erlaubt usw. Die andere Seite hingegen wurde verneint, zensiert, abgelehnt und kriminalisiert. Sie sollte komplett ausradiert und zum Verschwinden gebracht werden. Einseitigkeit als ideologische Norm ist uns ja hinreichend bekannt. Kein Pro und Kontra mehr, kein Dialog, nur noch ein Monolog.

Der Prozess der Einfrierung auf der einen Seite mit dem Verschwinden der ausgleichenden Gegenseite führt zu einem immer stärkeren Stillstand bei gleichzeitig zunehmenden Spannungen durch die Schwerkraft.

Das Pendel auf der einen Seite zu halten, während die Schwerkraft es unerbittlich herabzieht, braucht immense Fixierungskräfte. Sie kosten viel Geld und erfordern eine Menge Gewalt bzw. Zwang, um eine künstliche Welt der Einseitigkeit zu generieren, gegen die Natur aufrechtzuerhalten und das für normal zu erklären. Die „Risse in der Matrix" müssen stets übermalt werden, die Verzerrung aller bisherigen Normalität wegerklärt werden. So auch die ins Unermessliche anwachsende Spannung in allem.

Während ich dieses großartige Schauspiel betrachtete, fragte mich Gott, was geschehen wird, wenn das Pendel sich – aufgeladen mit unendlicher, festgehaltener Energie – eines Tages gegen alle Sicherungen aus den Ankern reißen und mit unvorstellbarer Wucht nach unten sausen wird? Mir war klar, dass die künstliche Welt voller Einseitigkeit dabei geradezu zerbersten würde. Die übermächtige Sehnsucht nach Ausgleich würde das Pendel gewaltig auf die andere Seite schwingen lassen. Vor lauter angestauter Energie würde es sogar einen Moment länger dort verweilen als normal, ehe es wieder zurückpendeln und seinen entspannten Rhythmus des Ausgleichs erlangen würde. Die angehaltene Zeit würde wieder in ihren natürlichen Fluss finden. Die ausgleichende Mitte zwischen den gegenläufigen Seiten würde sich wieder etablieren, die Waage sich austarieren.

Heute haben wir eine extrem einseitige, gekaufte und fixierte Welt der Unheiligkeit. Gerechtigkeit, Frieden und Freude im Heiligen Geist (vgl. Röm 14,17) werden in ihrer Bedeutung und vor allem ihrer Kraft pervertiert. Himmelschreiende Verkehrtheit ist die neue Gerechtigkeit, das „Gleichgewicht des Schreckens" nennt sich Frieden, und wer nicht die bunte Parade der Perversion feiert, ist verdächtig. Da die Unheiligkeit ihren Preis hat, der in Fluch und Krankheit, Verarmung und Verwüstung besteht, braucht es immer größere Summen, um weiterhin so zu tun, als ob das nicht der Fall sei, sondern alles „super" läuft in der schönen, digitalen Welt. Alles steht unter Kontrolle der Experten im Kunstparadies ...

Aber woher kommen die Mittel, um die Scheinwelt, die den natürlichen Ausgleich verloren hat, durchzusetzen und zu finanzieren? Sie nennen sich „Schulden", die dazu führen, dass sich die ganze Welt in der Knechtschaft von Kreditgebern befindet. Menschen leben und sterben für Geld.

Die (Wieder)Entdeckung, dass der Mensch *nicht nur* zum Geldverdienen und Schuldenmachen geschaffen wurde, sondern um mit Gott gemeinsame Sache zu machen, um den Himmel auf die Erde zu bringen und umgekehrt die Erde in den Himmel, das ist die Revolution der Heiligkeit, die ansteht.

Das Pendel reißt sich bereits überall aus den Verankerungen und beginnt seine Bewegung nach unten. Zuerst stürzt es hinab, um dann hochzusteigen ... Für viele, die allein an dem Aufstieg interessiert sind, wird es damit problematisch. Das Pendel steigt zunächst nicht empor, im Gegenteil, es fällt. Der Untergang nimmt Fahrt auf! Das sorgt für Verwirrung. Im Bilde des Pendels der Standuhr zeigt diese Bewegung aber ihre

Notwendigkeit. Im freien Fall wird das nötige Tempo gewonnen, auf der anderen Seite aufzusteigen.

Es hat sich in der Phase der einseitigen Fixierung eine irrsinnige Spannung aufgebaut und damit ein zerstörerisches Potential ungeahnten Ausmaßes gebildet. „Revolution" bedeutet die Überwindung und Umwälzung der herrschenden Verhältnisse. Die Beharrungskräfte wollen aber keineswegs loslassen und aus dem Weg gehen. Nachdem sie so unendlich viel eingesetzt haben, um ihre perfekte Matrix zu installieren, ihre optimale Scheinwelt, die sich durch die Digitalisierung immer schneller von der Wirklichkeit verabschiedet, um in der virtuellen Welt der Bildschirme und Daten zu verschwinden, werden sie ihre „Beute" – das sind wir – nicht loslassen. Wie einst bei Pharao, der Israel nicht gehen lassen wollte, werden „Plagen" auftreten, die eine solche Dimension annehmen, dass sich so etwas wie die „vierte industrielle Revolution" oder der „Great Reset"[1] oder eine KI-gesteuerte Welt nicht etablieren lassen. „Hochmut kommt vor dem Fall", heißt es.

Wir tun gut daran, einerseits auf die Symptome des Sturzes bzw. Kollapses des babylonartigen Welt-Systems zu achten, wie es die Offenbarung in den Kapiteln 16–18 beschreibt. Die Endzeitreden Jesu zeigen uns viele Aspekte dieses unvermeidlichen Zusammenbruchs auf. Entsprechend den vier apokalyptischen Reitern der Offenbarung spricht auch Jesus von den Plagen, die erneut auftreten und die Welt in existentielle Not stürzen. Andererseits ist nicht die ganze Welt betroffen, sondern nur der Teil von ihr, der sein Leben an „die Fleischtöpfe Ägyptens" bzw. an „Babylon" und „Mammon" verkauft, verraten und verloren hat.

---

[1] Als „The Great Reset" (englisch für „Der große Neustart") bezeichnet das Weltwirtschaftsforum (WEF) seine Initiative, die Weltwirtschaft und -gesellschaft im Anschluss an die COVID-19-Pandemie neuzugestalten ... Seitdem verwenden verschiedene Gruppen und Autoren den Ausdruck Great Reset für angebliche Weltherrschaftspläne einer mächtigen finanziellen und politischen Elite, die hinter der Pandemie stecke und diese für ihre Ziele benutze. (Wikipedia „Great Reset", 24.02.23).

Das Ende ist der Anfang

Das Pendel saust also nach unten wie ein Stein, alles scheint verloren zu sein, aber das Ende ist der Anfang, das Pendel kommt in die Kehre und steigt wieder auf. In dieser Bewegung fliegen viele aus der Kurve heraus, sie starren zurück auf das zerstörte Weltsystem und fragen sich, wie das passieren konnte? Wer zurückschaut, ist nicht fähig für das, was kommt. Er ist nicht in der Lage, sich an der Vision von „Kanaan" (nach dem Sklavenhaus Ägypten kommt das gelobte Land auf der anderen Seite der Wüste) oder der „Braut" (nach der Hure Babylon kommt die Braut Christi) festzuhalten. Das Pendel aber schlägt mächtig auf die Seite, in der „das Alte vergeht" und „Neues wird". Auf einmal tauchen all diese heiligen Werte und Tugenden wieder auf, die drüben verworfen und bekämpft worden waren. Plötzlich ist das Leben mit der Natur anstatt gegen sie hoch attraktiv. Heiligkeit wird zum Trend werden, Geistlichkeit total „in" sein. Schon jetzt zeichnet es sich ab. Die atheistische, materialistische und von Computern gesteuerte Welt endet, die spirituelle und naturverbundene steigt auf. Dort steuert der Geist die Materie und nicht umgekehrt.

Dabei ist nicht alles Materielle „schlecht" und alles Spirituelle „gut", aber die Betonungen und Bewertungen, Wege und Ziele werden extrem anders sein als das, was wir derzeit als „normal" erleben. Denn es wurde überbetont und einseitig propagiert bis zur Selbstzerstörung. Ein Ausgleich fand nicht mehr statt. Wenn das Pendel frei schwingen kann, gelangen wir vom „Entweder-oder" zum „Sowohl-als-auch".

Je schneller das Pendel hinabfällt, desto mehr ausgeblendete, verdrängte und im Dunklen liegende Machenschaften (der „Schatten") kommen ans Licht, werden aufgedeckt und gesehen. Aufgrund des Tempos der Schwing-Bewegung geht es Schlag auf Schlag. Wo sich zuvor gar nichts bewegte, kommt nun mächtige Dynamik ins Spiel. Das Maß der ideologischen Einseitigkeit und Unausgewogenheit wird bewusst. Nun sind alle darüber schockiert und fragen sich, wie es nur so weit kommen und man nur so blind gewesen sein konnte.

Aber man kann sich nicht bei diesen Erkenntnissen aufhalten, denn das Pendel bewegt sich weiter – bis hinunter auf den tiefsten Punkt. Dort gibt es dann *nicht* den befürchteten Aufschlag oder gar Rückschlag, sondern wie in einer Achterbahn nimmt die Strecke eine unerwartete und scharfe Wendung, um dann aufzusteigen. Am tiefsten Punkt geschieht die Wende. Die Nacht endet, der Tag beginnt. Die Schwere wandelt sich zu Leichtigkeit. Die Linie auf die andere Seite wird überschritten.

Ab diesem Übergang ist alles anders, und nach dem Vergehen des Alten beginnt das Werden des Neuen. Jedoch ist auf dieser „anderen Seite“ nicht Nichts, sondern alles ist noch da – aber anders. Regierte in der alten Welt die Furcht, regiert hier die Liebe. War es dort schwer, ist es hier leicht. Ging es dort um Krankheit, geht es hier um Heilung. Vieles, was unterdrückt und zensiert wurde, kommt nun ans Licht und zur vollen Geltung und in seine Gestalt. Jetzt wird es gesehen und gehört.

Die Umkehrung der Machtverhältnisse lässt jene, die oben waren, nach unten sinken und die von unten nach oben steigen. Es braucht für beide Parteien Zeit, das zu fassen, meinte Jesus zu mir. Die Menschen hinken der raschen Bewegung hinterher. Während die einen schon angekommen sind und ein neues Leben unter neuen Vorzeichen entfalten, treffen viele erst später ein. Auch werden viele im Übergang verloren gehen. Sie packen die „Reise“ nicht, verweigern sich der Dynamik, sträuben sich dagegen, halten am Gehabten fest.

Der heilige Weg

Auch in den biblischen Beispielen des Exodus von Israel zuerst aus Ägypten in die Wüste und dann aus der Wüste nach Kanaan blieben einige zurück und andere kehrten um, als ihnen der Übergang – die Wüste – zu viel wurde. Sie „murrten“ über Gott, der sie ihrer Meinung nach betrogen hatte und aus dem rundumversorgten Sklavenleben Ägyptens gerissen hatte, um sie in der Wüste umkommen zu lassen. Aber der Grund des Umkommens lag nicht bei Gott, sondern war ihr Unglaube. Nicht anders verhielt es sich beim Übergang über den Jordan, den Josua organisierte – aus der Wüste heraus und hinüber ins gelobte Land „Kanaan". Wieder war eine existentielle Entscheidung zu treffen, *zu bleiben oder zu gehen.* Die Beharrungskräfte waren intensiv, obwohl sich jene, die nicht gehen wollten, ja in der Wüste befanden. Sie war ihnen dermaßen vertraut und gewohnt geworden, dass sie lieber dort bleiben wollten als ins Unbekannte aufzubrechen, das angeblich viel besser sein sollte als das, was sie hatten. Wiederum scheiterten viele an ihrem Unglauben.

Wir haben nichts anderes als Gottes Zusagen und stehen dafür auf und gehen den Weg in ihre Erfüllung. Das ist der Weg des Glaubens, der auch der Weg der Heiligung ist *„ohne die niemand den Herrn schauen wird"* (vgl. Hebr 12,14). Je weiter wir den heiligen Weg gehen, desto deutlicher wird uns Gott. War er uns am Anfang unverständlich und gefühlt „weit weg", ändert sich das grundlegend *auf dem Weg.* Wir werden sukzessiv vertrauter mit der Art Gottes. Sein Geist erleuchtet und verwandelt uns. *Wir werden wie er,* womit die Heiligkeit erlangt ist, die in die Erfüllung aller Verheißungen eintritt und darin selig ist. Heiligkeit ist der entspannteste Lebensstil und Lebensraum, den es gibt. Denn er geht von Erfüllung zu Erfüllung.

Dass Gott ein Meer teilt, um uns *den Weg* hindurchzuführen, oder den Jordan anhält, um ein weiteres unüberwindliches Hindernis *auf dem Weg* zu bewältigen, das wird den Heiligen – *die des Weges sind* – immer normaler. Ihr komplettes Leben ist gebaut auf Gottes Worte, die bestehen, selbst wenn Himmel und Erde vergehen. Trotz des Widerspruchs des Sichtbaren, der stets bedrohlich und furchterregend ist, glauben sich die Heiligen durch alles hindurch und finden darüber mit der Zeit auch Ruhe. Ihr Glaube erprobt und bewährt sich. Die Nähe Gottes – das Heiligtum – ist ihr Zuhause. Da es sich nicht auf der Erde befindet, sondern im Geist, kann dort keine irdische Problematik und Krise hinkommen. Wir gelangen dorthin an der Hand Jesu, der von sich sagt: Ich BIN der Weg. Er hält uns auf Kurs und führt uns den Weg aus der profanen Welt in das himmlische Heiligtum. Er macht es mit jedem von uns persönlich. Das ist die gute Nachricht. Gott gibt uns seinen Sohn als persönlichen Wegbegleiter! Mit ihm verbunden – zusammengejocht – können wir diesen Weg gehen und das Ziel der Heiligung erreichen: IHN SEHEN.

Die Metapher des „Weges“ zieht sich durch die ganze Bibel. Wir sehen daran, dass das geistliche Leben stets in Bewegung ist. Der Geist steht nicht still, sondern bringt Kraft in alles hinein, damit es atmen und wachsen, sich entfalten und Frucht bringen kann. Wir werden von ihm ermächtigt, den Heiligen Weg zu gehen – von einem Maß an Heiligkeit zu einem höheren Maß davon.

Das mag paradox klingen, wo doch eben noch von der Ruhe die Rede war, in die der Glaube uns bringt. Dass die Heiligkeit voll solcher Widersprüchlichkeiten steckt, daran werden wir uns gewöhnen müssen. Sie vereint Gegensätze und verbindet irdische Unvereinbarkeiten, wie die, dass wir zugleich schwach und stark, klein und groß, arm und reich sind. In Christus spielen wir nicht das eine gegen das andere aus, nehmen nur die eine Seite an, während wir die andere vermeiden. Nein, Heiligkeit ist die Macht, die das ganze Spektrum umfasst, aushält, ausgleicht und meistert. Solche Dinge lernen wir *auf dem Weg*.

Meiner Erfahrung nach ist einer der Hauptfeinde des heiligen Weges die Routine. Wir richten uns in einem bestimmten geistlichen Verständnis und einer Theologie ein, die alles festlegt, was sich eigentlich bewegen und entwickeln soll. Um diese theologische Festlegung dreht sich dann unsere geistliche Routine, in der es keine Entwicklung mehr gibt, sondern nur noch Wiederholung.

Keine Klage Gottes häuft sich in der Bibel so sehr wie die Beanstandung der Trägheit seines Volkes, den Weg zu gehen – immer weiter. Man kann das Heilige deswegen nicht in eine

Kirche oder Kathedrale „einsperren“. Es will sich nicht hinsetzen in eine Tradition und dann nie mehr aufbrechen und weitergehen. Jesus rief die Leute auf, ihm zu folgen, da er in Bewegung war. Er will uns alle in Bewegung bringen, alle den Weg führen, den wir nicht „lernen“ können, sondern dessen Geheimnisse sich uns dann offenbaren, wenn wir den Fuß daraufsetzen. Er löst unsere Fesseln, stärkt unsere Glieder; er ruft uns zu sich, *um mit ihm zu gehen.*

Wir werden nicht erlöst, um uns hinzusetzen, sondern um aufzustehen.

So wie es heißt, „dass die Gnade neu ist jeden Morgen“, so ist es auch der Weg der Heiligung. Natürlich üben wir auch spirituelle Routinen ein wie Beten und Bibellesen, aber sie stellen so etwas wie geistliches Essen und Trinken dar. Sie geben uns die Kraft, *weiterzugehen.*

Es gibt ebenfalls Punkte auf dem Weg, wo wir von Gott eine Zeit lang festgehalten werden. Jemand verglich es mit den Knotenpunkten der Gräser. Sie bilden am Ende eines Abschnitts ihres Halmes einen festen Knoten, von dem aus dann die nächste Wachstums-Etappe ausgeht. Gott kann uns schubweise eine Menge auf einmal offenbaren, was hinterher Zeit braucht, verarbeitet und integriert zu werden. Dann scheint eine Zeit lang keine Weiterbewegung stattzufinden. Das bildet jedoch jenen festen Knoten. Ist der Prozess der Verinnerlichung und Adaption abgeschlossen, bildet er den Ausgangspunkt neuen Wachstums und weiterer Expansion. Die Dimension des Weges wird wunderbar beschrieben in Jesaja 35,8-10 (GNB):

Eine feste Straße wird dort sein, den „heiligen Weg“ wird man sie nennen. Wer unrein ist, darf sie nicht betreten, nur für das Volk des Herrn ist sie bestimmt. Selbst Unkundige finden den Weg, sie werden dort nicht irregehen. Auf dieser Straße gibt es keine Löwen, kein Raubtier ist auf ihr zu finden; nur die geretteten Menschen gehen dort. Sie, die der

Herr befreit hat, kehren heim; voll Jubel kommen sie zum Zionsberg. Aus ihren Augen strahlt grenzenloses Glück. Freude und Wonne bleiben bei ihnen, Sorgen und Seufzen sind für immer vorbei.

Selbstüberwindung

Wir können uns fragen, ob wir diesen heiligen Weg, der von „grenzenlosem Glück", „Jubel", „Freude und Wonne" gekennzeichnet ist, überhaupt kennen oder für einen Mythos halten? Motiviert unsere Gemeinde uns eher zu sitzen oder zu gehen? Jahrelang auf der liturgischen Stelle zu treten und gelangweilt in einer Kirchenbank zu sitzen, das kann es ja nicht sein, was Jesus von uns möchte. Ist er *„der Weg, die Wahrheit und das Leben"*, dann will er wohl, dass auch wir Menschen des Weges, der Wahrheit und des Lebens sind.

Meiner Überzeugung nach sind wir an einem Punkt angelangt, wo die Verknöcherung der Kirche einerseits oder aber ihre Abweichung von *dem Weg* und das Gehen anderer Wege so manifest sind, dass es kaum eine Hoffnung auf Reformation gibt, nur ein Verlassen und Beenden, um frei zu werden für einen *heiligen Neuanfang*. Es kommt der Moment, wo Gott sein Volk selbst aus der Kirche herausruft, weil sie für den Glauben nicht mehr förderlich, sondern hinderlich ist.

Natürlich gilt das nicht für jede Gemeinde in der Welt, aber die großen Institutionen der Staatskirchen haben den Weg weitgehend aus den Augen verloren und drehen sich nicht um Jesus, sondern um sich selbst. Sie sind viel zu schwerfällig, um sich zu überwinden, d. h. sich möglicherweise selbst zu beenden, um frei zu werden von dem Ballast der Tradition und neu durchzustarten auf dem heiligen Weg mit Jesus in die Gegenwart Gottes.

Selbstüberwindung ist ein wesentlicher Aspekt der Heiligkeit. Denn was immer uns hindert – und das sind in der Regel wir selbst durch die genannte Trägheit, Routine, Schwerfälligkeit und Egozentrik (das Um-uns-selber-Drehen)

– gilt es, zu überwinden. Jeden Tag. Der Heilige Geist hilft uns, uns von alledem loszureißen und wieder mit Jesus zu gehen, wohin er geht.

> Ohne den Heiligen Geist ist Gott fern, bleibt Christus in der Vergangenheit, ist das Evangelium ein toter Buchstabe, die Kirche ein bloßer Verein, die Autorität eine Herrschaftsform, die Mission Propaganda, die Liturgie eine Geisterbeschwörung und das christliche Leben eine Sklaven-Moral.
>
> Patriarch Athenagoras

Da das Pendel auch für die Kirche auf die andere Seite schlägt, wird die Sehnsucht nach Heiligkeit – der echten und nicht der Schein-Heiligkeit – innerhalb der Christenheit intensiviert. Die Gläubigen wollen nicht mehr stillsitzen. Eine Irritation für den Klerus! Sie wollen mehr als pastorale Betreuung und Verwaltung, sie suchen „den Weg, die Wahrheit und das Leben", um persönlich die *Führung* Gottes, die *Offenbarung* der Wahrheit durch den Heiligen Geist und die *Verlebendigung* von dem zu erfahren, der gekommen ist, um uns „das Leben im Überfluss zu bringen" (vgl. Joh 10,10).

Die Feststellung, dass wir uns weder das Leben Christi noch die Offenbarung des Geistes noch die Führung durch Gott selbst, der uns als sein Gegenüber geschaffen hat, *kaufen* können, so wenig wie Glauben, Hoffnung und Liebe oder Gerechtigkeit, Frieden und Freude usw., wird sonnenklar werden: Die institutionelle Kirche bringt diese Dimensionen des Geistes nicht hervor, sondern erklärt ihre Abwesenheit mit gekonnter Manipulation und einseitiger Auslegung der Schrift, wo die Macht und Wunder Gottes entweder „entmythologisiert" oder auf das Leben nach dem Tod verschoben werden. Diese Art von Kirche wird meines Erachtens verschwinden.

Die Menschen werden nicht verstehen, wie sie sich nur dermaßen haben hinhalten lassen. Eine Renaissance lebendiger und persönlicher Heiligkeit steht an. Das ist sehr spannend und überaus hoffnungsvoll! Denn Menschen, die *„stark sind im Herrn und in der Macht seiner Stärke“* (vgl. Eph 6,10), können große Wunder bewirken, die es brauchen wird, um in einer vergehenden Welt die Kurve zu kriegen und eine neue zu starten.

> Bleiben wir an der Schwelle des unendlichen Wunders stehen, auf der kleinen Insel des Vertrauten, im sicheren Schoß des bereits Erklärten? Erklärungen, an denen es nichts mehr zu rütteln gibt, sind der größte Feind aller wahren Erkenntnis.
>
> Piero Ferrucci[2]

---

[2] Pierro Ferrucci, „Unermesslicher Reichtum des Herzens“, Allegria Taschenbuch 2006.

Kapitel 4

Neu anfangen

Wende dich an mich und ich werde dir antworten!
Ich werde dir große Dinge zeigen, von denen du nichts weißt und auch nichts wissen kannst.

Jeremia 33,3 (GNB)

Die Sehnsucht nach einem heiligen Neustart nimmt unter den Menschen dieser dekadenten Zeit exponentiell zu. Erinnerungen an „analoge Zeiten" werden verklärt wie das verlorene Paradies.

Die höhere Ordnung

Das Evangelium propagiert einen neuen Himmel und eine neue Erde, in denen Gott und Mensch zusammenleben und die Welt nicht länger durch die Sünde getrennt von Gott vor sich hinstirbt, sondern seine Herrlichkeit in der Materie manifestiert. So war es immer gedacht. Im Dienst von Jesus zeigte sich diese Aufhebung der Gegensätze, und eine „höhere Einheit", die man nicht *machen*, sondern nur *empfangen* kann, offenbarte sich. Jesus berührte die Unberührbaren und schob alle kulturellen, religiösen und politischen Barrieren beiseite. Spirituelle, psychische und physische Grenzen wurden aufgehoben, der Horizont erweitert. Selbst Tote erweckte Jesus zu neuem Leben und zeigte damit, dass der Tod nun *nicht mehr* das letzte Wort hat. Eine neue, höhere Ordnung wurde sichtbar, in der nicht das Gesetz der Sünde und des Todes, sondern des Geistes des Lebens regiert.

Wie gesagt, es ist eine Ordnung, die man nicht selbst herstellen kann, sondern in die man durch den Heiligen Geist hineingetauft werden muss, um ihrer teilhaftig zu werden. Sie markiert eine große Befreiung von der Vergänglichkeit hinein in die Herrlichkeit. Sie ist nicht ideologischer Natur, sondern von transformativer Art. Wir werden wiedergeboren hinein in die Wirklichkeit. Aus dem Schein ins Sein, dem Tod ins Leben. Wer an dieser Verwandlung partizipiert, wird selbst neu geordnet und von der Wirklichkeit selbst verwirklicht. Alles Unechte fällt weg – auf jeder Ebene.

> *Denn weder Beschneidung noch Unbeschnittensein gelten etwas, sondern* **eine neue Schöpfung***. Und so viele dieser Richtschnur folgen werden, Friede und Barmherzigkeit über sie und über das Israel Gottes* (Gal 6,15-16).

Das Zeichen des Alten Bundes war die Beschneidung der Vorhaut, eine äußere Beschneidung also. Das Zeichen des Neuen Bundes ist eine innere Beschneidung des Herzens. Die eine Beschneidung vollziehen Menschen und die andere der Geist. Das Ergebnis dieser neuen Beschneidung sind Frieden und Barmherzigkeit. So etwas ist mit äußerer Religion nicht zu erreichen. Dabei geht es ja um einen *beständigen* Frieden, der das Ergebnis von wirklicher Gerechtigkeit ist. Dieser *begründete* Frieden, der aus einem von Gott selbst aus reiner Barmherzigkeit *gerechtfertigten* Leben herrührt, ist aufgrund seiner Göttlichkeit auch ein *mächtiger* Frieden.

Diese wunderbaren Attribute sind der ganzen *neuen Schöpfung* in Christus zu eigen. Ob es die Freiheit ist, der Glaube, die Hoffnung oder die Liebe, sie alle sind beständig, begründet, gerechtfertigt und mächtig. Und das nicht durch äußere Verhaltensweisen, sondern durch Christus in uns und wir in ihm.

Sofern unsere religiösen Prämissen überhaupt stimmen, ist dieses Einssein mit Gott der allernormalste Zustand, in dem man sein kann. Es ist das, was Christus zu Christus gemacht hat. Und es ist auch das, was der heilige Augustinus mit seinem Spruch meinte: „Für dich hast du uns geschaffen, und unsere Seelen sind ruhelos, bis sie Ruhe finden in dir."[1]

Die Arena der Neuheiten

In Christus sind wir eine neue Schöpfung, erhalten ein neues Herz, einen neuen Geist, ein neues Leben, eine neue Hoffnung und gehen einen neuen Weg. Unendlich viel Neues will sich uns eröffnen und mitteilen, uns erfüllen und erneuern. *Für die Heiligen ist diese neue Schöpfung* ***die Richtschnur***. Jeden Tag betreten sie neu – mit der Gnade, die jeden Morgen neu ist (vgl. Klgl 3,22-23), wie es im Alten Bund das Manna war – die Arena der Neuheiten, die sich offenbaren und sie verwandeln wollen, um mit ihnen kompatibel zu werden. In ihnen selbst nimmt die neue Schöpfung, die beständig, begründet, gerechtfertigt und mächtig ist, Gestalt an! Das ist die heilige Initiation[2] bzw. Verwandlung, die uns durch den Heiligen Geist, den wir in Christus empfangen, widerfährt. Ich nenne das eine wahre „geistliche Revolution"!

Leider ist uns das häufig sehr wenig und wenn doch, reichlich unkonkret oder religiös-kompliziert von unseren Kirchen und Gemeinden vermittelt worden. Eher gewinnt man dort den Eindruck, es gebe nichts Neues, nur alte, abgestandene Religion. Aber wer die neue Richtschnur begriffen hat, für den ist jeder Tag ein neuer Anfang, ein offener Horizont, eine neue Möglichkeit des Seins, eine potentielle Erfahrung himmlischer Realitäten.

---

[1] F. Laubach, „In jeder Minute bist du da", Neufeld Verlag Cuxhaven 2013, S. 19.

[2] Vgl. mein Buch „Initiation", GloryWorld-Medien, Xanten 2021.

Die Heiligen leben nicht von gestern, sondern von morgen her. Sie sind die Agenten der höheren Ordnung und der neuen Schöpfung, welche die alte ablöst, die vergeht. Frieden und Barmherzigkeit sind für sie nicht nur schöne Worte, sondern ihr Leben.

> Von Neuem geboren sein aus dem Geist, ist ein unverkennbares Werk Gottes, so geheimnisvoll wie der Wind und so überraschend wie Gott selbst. Wir wissen nicht, wo es beginnt; es ist verborgen in den tiefen unseres persönlichen Lebens. Wiedergeboren sein von oben bedeutet ein ununterbrochenes, fortwährendes, ewiges Anfangen, eine immerwährende Frische im Denken, im Sprechen und im Sein, ein dauerndes Überraschtwerden durch die Lebendigkeit Gottes. Mattheit deutet darauf hin, dass etwas in uns nicht mehr mit Gott verbunden ist ... Halte dein Leben immerzu offen für Jesus Christus; mache ihm nichts vor! Schöpfst du dein Leben aus irgendeiner anderen Quelle als aus Gott? Wenn du von irgendetwas anderem außer ihm abhängst, wirst du nie wissen, ob er noch da ist. Aus dem Geist geboren zu sein, bedeutet viel mehr, als wir im Allgemeinen annehmen; wir erhalten einen neuen Ausblick und bleiben durch das fortwährende Versorgtwerden mit dem Leben Gottes unbedingt frisch für alles.[3]

Heiligkeit und Wirklichkeit

Dass Gott heilig ist, bedeutet unter anderem, *dass er ganz er selbst ist*. Nichts an ihm ist inszeniert, vorgetäuscht, hinterlistig, heimtückisch, gelogen usw. Auf unserer Seite – im antigöttlichen Spiegeluniversum – sieht das hingegen ganz anders aus. Wir haben uns in der Welt an ein Maß von Verkehrtheit, „So-tun-als-ob“, Scheinbarkeiten und Propaganda gewöhnt, dass wir gar nicht merken, wie wenig wir tatsächlich noch wir selbst sind.

---

[3] Oswald Chambers, „Mein Äußerstes für sein Höchstes“, Berchtold Haller Verlag, Bern 1950, S. 20.

Wir sind in der Welt nicht, die wir sind, sondern die wir nicht sind.

Mit dieser Pseudo-Persönlichkeit, die wir nicht sind, können wir uns dermaßen identifizieren, dass wir tief und fest glauben, wir seien das, was wir tatsächlich nicht sind. Wenn der Heilige Geist uns dann in die Wahrheit über uns selbst hineinführt, erscheint uns diese Wahrheit zunächst vielleicht unglaublich zu sein, denn wir haben von Kindesbeinen an eine Lüge gelebt, die uns als Wahrheit verkauft wurde. Tatsächlich gibt es auf Erden ja gar niemanden, der uns die Wahrheit über unsere tatsächliche Identität sagen kann. Woher sollen Eltern, Schule und Staat wissen, wer wir sind? Niemand kennt uns wirklich, wir selber ja auch nicht. So wachsen wir auf und spielen die uns gesellschaftlich zugeordneten Rollen, um für „normal" zu gelten. Aber was ist normal? Wären wir in Asien geboren, wäre ein völlig anderes Leben für uns „normal", als wir es in unserem westlichen Kulturkreis für normal halten. Dabei sind das Allermeiste davon Normen, die uns zwar bestimmen, uns aber unbewusst sind, was es nicht leicht macht, diese Programmierung aufzuheben bzw. zu löschen, damit uns überhaupt etwas Neues – also „Unnormales" – widerfahren kann.

Erleuchtung

Behutsam deckt uns der Heilige Geist immer neue Aspekte der Wirklichkeit auf. Dabei entdecken wir, dass in der Welt tatsächlich nur weniges ist, was es zu sein scheint und vorgibt zu sein. Insbesondere unser Selbst- und Gottesbild muss im Licht der Wahrheit revidiert werden. Wir gehen von einer Überraschung zur anderen, was unser Bild über Gott anbetrifft, der so ganz anders ist, als wir meinten, und als Religionen es uns erzählt haben; genau wie wir selbst auch ganz anders sind, als uns vermittelt wurde. Wenn das Pendel auf die andere Seite schlägt, wird diese Gottes- und Selbst-Erkenntnis mächtig hochkommen. Sie gleicht einer Erleuchtung. Entsprechend kann man sagen: **Heiligkeit geht einher mit Licht.**

Im Licht wird alles sichtbar, wie es wirklich ist. Das „Licht des Lebens" geht uns in Christus, der auch „das Licht der Welt" ist (vgl. Joh 8,12), auf und wir *sehen* auf einmal das Leben, für das wir zuvor blind waren. Wir entdecken unendlich viele neue Zusammenhänge, die in der Schule kein Thema und fürs Geldverdienen und Schuldenmachen nicht wichtig waren. Wir sehen im Licht, wie das Eigentliche und Wesentliche von uns noch kaum erkannt, geschweige denn gelebt worden ist. Wir gingen gekonnt am wirklichen Leben vorbei, um ein Kunstleben zu führen und eine Ersatzrealität zur Wirklichkeit zu erschaffen.

In dieser Pseudowelt konnten wir Gott nicht finden; er ist ja auch kein Teil von ihr. Sein Licht würde diese Schattenwelt sofort auflösen. Das wird zu seiner Zeit auch geschehen, aber bis dahin ruft er einzelne Menschen aus der furchtgetränkten Finsternis heraus in sein wunderbares Licht. Sie gehen den Weg in die Wirklichkeit und werden ihre Zeugen in der von Gott entfremdeten Welt. Sie werden lauter kleine Lampen in der Dunkelheit und erleben sowohl Widerstand als auch Zuspruch, ganz ähnlich, wie Jesus es seinerzeit erlebte. Vor allem die Religiösen in Form der Schriftgelehrten setzten ihm arg zu. Denn ihre Heuchelei wurde im Lichte Jesu offenbar, wo immer er ihnen begegnete. Im Gegensatz zu ihnen waren die Menschen begeistert darüber, dass da einer „das Spiel nicht mitspielte", sondern ganz frei und ganz er selbst war. Heilig.

> Dass ein Leben ein wirkliches Leben gewesen ist – es ist schwer zu sagen, worauf es ankommt. Ich nenne es „Wahrheit". Doch was heißt das?
> Sie können auch sagen: dass einer mit sich selbst identisch wird. Andernfalls ist er nie gewesen.[4]

[4] Max Frisch, Quelle unbekannt.

Bedenken wir also, dass Heiligkeit, Licht und Wahrheit zusammengehören. Wenn Gott sagt: „Seid heilig, denn ich bin heilig!", könnte er auch sagen: „Lebt im Licht, denn ich bin das Licht!" oder: „Seid wahrhaftig, denn ich bin die Wahrheit!" Dieses Wahr-, Licht- und Heilig-Werden geschieht nicht durch religiöse Anstrengungen, sondern durch Offenbarung. Der Heilige Geist offenbart uns die Wirklichkeit, wie sie ist, und wir lassen uns darauf ein. Das ist „Glauben".

Es ist die offenbarte Wahrheit, die uns wahr macht, das himmlische Licht, das uns erhellt, und die göttliche Heiligkeit selbst, die uns heilig macht. Diese drei Aspekte bzw. Dimensionen sind nicht von der Welt; es gibt jedoch ein Ersatz-Angebot dafür, eine Pseudo-Wahrheit, ein Kunstlicht und eine Schein-Heiligkeit. Der Heilige Geist schärft unser Unterscheidungsvermögen. Nie war es nötiger als heute!

Man kann sagen, wir sind umgeben von einem Meer von Leben und Licht, von Heiligkeit und Wahrheit – nur dass wir es nicht bemerken, weil wir voll mit unserer Pseudowelt und Image-Pflege beschäftigt sind. Dort sind das Leben und das Licht, die Heiligkeit und Wahrheit rein philosophische Begriffe, mit denen sich die entsprechende Abteilung der Wissenschaft befasst, um uns im Ergebnis ihrer Analyse zu präsentieren, dass es das alles gar nicht gibt. Die Begriffe seien relativ und konstruiert, alles rein subjektive Ansichten und Meinungen. Was das Leben oder die Wirklichkeit sein sollen, lässt sich nicht verifizieren und objektivieren. Wir können nur Theorien darüber aufstellen und Thesen formulieren, so die Experten. In dem Moment, wenn der Heilige Geist das Licht anknipst, ist es jedoch vorbei mit den Theorien und Thesen. Dann stehen wir auf einmal in dem, was tatsächlich real ist, und begegnen dem, der von sich sagt: „Ich bin, der ich bin" (vgl. 2 Mose 3,14).

Ich bin, der ich bin

Der Name Gottes ist heilig und wir beten im Vaterunser, dass er geheiligt werde. Denn es geht darum, *dass wir Gott sein lassen, der er ist.* Wir sehen die Weltgeschichte angefüllt von den religiösen Versuchen, Gott zu bestimmen, zu „regeln", für imperiale Absichten zu benutzen und zu geschäftlichen Zwecken zu vermarkten. Gott *nicht* zu heiligen, ist die Anmaßung und Sünde schlechthin, denn es bedeutet, ihn zu verleumden, zu verraten und ihn gar zu verbieten, der zu sein, der er ist. Da die Welt es aber leider mit allen und mit allem so macht, treibt sie es gerade, was Gott betrifft, auf die Spitze.

Während ich dieses Kapitel schreibe, ist gerade Adventszeit, und da werden Gott und Jesus, der Himmel und die „Heilige Familie" in den kitschigsten und groteskesten Arten und Weisen dargestellt, die man sich überhaupt nur vorstellen kann. Vor vielen Jahren fragte ich Jesus im Gebet einmal, welche Gegebenheit im Jahr er am abartigsten finde, und bekam als Antwort: „Weihnachten." Es ist alles andere als ein „heiliges Fest". Denn an niemanden wird weniger gedacht als an den, der da geboren ist. Alle kriegen Geschenke, nur das Geburtstagskind nicht ... Natürlich gibt es Ausnahmen.

Der große Gott hat sich klein wie ein Baby gemacht, um uns zu zeigen, dass er ist, der er ist, denn niemand unter den Menschen ist so sehr er selbst wie ein Baby: Man muss es nehmen wie es ist – die ganze Erziehung und Entmenschlichung des Spiegeluniversums ist noch nicht geschehen, mit „vernünftigen" Worten kann nicht kommuniziert werden, nur mit Berührung und Blicken.

Das Baby ist nackt ... und schämt sich nicht ... wie Adam und Eva es vor dem Sündenfall ebenso erlebten. Danach brauchten sie als erstes Kleider, um sich darin voreinander zu verbergen. Aber ein Baby ist jenseits des Sündenfalls. Seine Unschuld schaut uns aus großen Augen an und erweicht unser Herz. Es hat etwas Heiliges an sich. Kein Lug und kein Trug trüben noch sein Wesen, es ist identisch mit sich selbst. So auch Gott. Der Unterschied zu uns ist, dass Jesus das auch als erwachsener Mensch in der Sündenmatrix blieb.

Auf dem Berg der Verklärung wurden seine Kleider durchscheinend und Jesus wurde seinen Jüngern „enthüllt" – und leuchtete wie die Sonne! Später hing er dann nackt und entstellt am Kreuz mit unserer Bloßstellung, Scham, Erniedrigung und Entstellung. Auf diese Weise heiligte uns der Heilige. Alle diese Ereignisse um das Kreuz und die Auferstehung wurden wiederum dermaßen religiös verzerrt, dass viele nicht sehen können, was da *wirklich* geschehen ist – und was das mit uns zu tun hat.

Manche Eltern geben ihren Kindern nicht sofort Namen. Sie lassen sie erst einmal *sein, die sie sind,* ehe mit der Namensgebung die Erwartungen, Wünsche und Ideale von Eltern auf die Seele der Kleinen gelegt werden. Die wenigsten fragen Gott nach dem Namen des Kindes oder erlauben dem Kind, sich später selbst zu benennen. Vielleicht würde ein solches Kind nach reiflicher Überlegung sagen: „*Ich bin, wer ich bin.*"

Tatsächlich ist es in verschiedenen religiösen Traditionen verbreitet, sich einen „spirituellen Namen" zuzulegen bzw. ihn gegeben zu bekommen. Solch eine Namensgebung ist damit verbunden, sein weltliches Leben unter dem alten und gewohnten Namen abzulegen und ein geistliches Leben zu beginnen. Neues Leben – neuer Name.

In der katholischen Kirche ist die Vergabe von Ordensnamen seit der frühen Neuzeit üblich. Der neue Name soll dabei zum Ausdruck bringen, dass der Ordensangehörige sein Leben in besonderem Maße Gott widmet und von ihm gerufen ist. Jesus sagte bereits: *„Man ruft dich mit einem neuen Namen, den der Mund des Herrn für dich bestimmt"* (vgl. Jes 62,2-4). Meist wird ein Heiligenname gewählt, wobei der namensgebende Heilige dann auch als persönlicher Schutzpatron angerufen wird. Mutter Teresa hieß beispielsweise mit bürgerlichem Namen Anjezë Gonxhe Bojaxhiu, ihr Namenspatron wurde dann die Heilige Therese von Lisieux.[5]

---

[5] Yogawiki.de

Da mit diesem geistlichen Namen ein Ruf von Gott und eine Absonderung hin zu ihm verbunden sind, ist er heilig. Denn alles, was Gott gehört, ist heilig. Wenn ihm also ein Mensch sein Leben hingibt und es auf ihn hin ausrichtet, ist er heilig. Alle, die ihr Leben Jesus übergeben haben, sind „Heilige". Nicht weil sie so tadellos sind, sondern weil sie nun Gott gehören, inklusive ihrer Sünden und Verkehrtheiten, die Stück für Stück auf dem heiligen Weg abgelegt werden. Heiligkeit ist nicht Perfektion, sondern Echtheit, im Licht wandeln, Gott so nah sein, dass sein Geist auf uns übergeht, der uns den heiligen Weg führt und uns in das Bild Jesu verwandelt.

> *Von ihm, Jesus Christus, dem offenbar gewordenen Wort, haben wir die Botschaft gehört, die wir euch weitersagen: Gott ist Licht, in ihm gibt es keine Spur von Finsternis. Wenn wir behaupten: „Wir haben Gemeinschaft mit Gott", und gleichzeitig im Dunkeln leben, dann lügen wir und gehorchen nicht der Wahrheit.* ***Leben wir aber im Licht****, so wie Gott im Licht ist, dann haben wir Gemeinschaft untereinander,* ***und das Blut, das Jesus, sein Sohn, für uns vergossen hat, reinigt uns von jeder Schuld*** (1 Joh 1,5-7 GNB).

Hier steht nicht, dass wir „von jeder Schuld gereinigt werden", wenn wir uns Mühe geben, die 10 Gebote zu halten, sondern „wenn wir im Licht leben". Aber wie lebt man denn im Licht? Das finden wir heraus, wenn es uns aufgeht, denn es ist keine theologische Lehre und kein religiöses Konzept, sondern die reale Berührung mit der Wirklichkeit, die heilig und göttlich ist, in der es keine Dunkelheit und keinen Schatten gibt.

Wir sehen Gott in der Bibel viele Namen vergeben. Er gibt Menschen damit eine Bedeutung und Bestimmung, die über ihre eigene Idee und Möglichkeit von sich selbst hinausgehen. Jedem von uns wird ein neuer Name verheißen, den Gott auf uns schreiben will. Denn er kennt uns schon von Anbeginn der Welt, er durchschaut uns völlig und kann uns so benennen, wie wir tatsächlich sind.

Dass in unserer westlichen Kultur heute Namen einfach danach gegeben werden, weil sie „gut klingen", ist traurig. Auch daran wird der Mangel an Identität deutlich. Menschen, die nicht wissen, wer sie sind, bekommen Kinder, von denen sie es auch nicht wissen. Wenn wir Heilige werden, ändert sich das grundlegend. Wir werden erweckt und erhellt, wir fangen an, die Wahrheit zu sehen – über alles. So auch über uns selbst. Die Heiligkeit Gottes bringt uns in Übereinstimmung mit unserem wahren Selbst. So werden wir geheiligt.

Als Heilige haben wir aber auch eine neue Familie und werden in deren Erblinie eingefügt. Nehmen wir uns das Geschlechtsregister Jesu, wie es in den Evangelien (vgl. Lk 3,23-38) aufgelistet ist, vor und bedenken einmal, wer da alles genannt ist. In Christus sind wir gemeinsam mit ihm von Gott in diese Linie „eingepflanzt" worden. All diese wunderbaren Namen, von Henoch und Noah über Abraham und David bis hin zu Jesus selbst sind nun unsere „Väter und Mütter"; wir tragen ihre DNA in uns und setzen ihre Geschichte fort. In Christus sind wir ihres Glaubens teilhaftig und wirken die Wunder, die uns von ihnen überliefert sind und welche die Welt im Umbruch dringend und massenweise braucht.

Macht

Heiligkeit ist ein Weg, jedoch auch ein Zustand und ebenfalls eine Macht. Die Kraft, die ein persönlicher Neustart braucht, die der Neustart einer ganzen Gemeinde, Nation oder der ganzen Welt braucht, ist unvorstellbar groß.

Leider wurde Gott durch Religion seiner Macht beraubt, indem er zu einem fernen, offenbar passiven und weitgehend desinteressierten „höheren Wesen" erklärt wurde. Wie wir seine heilige Macht empfangen, wie wir an ihr partizipieren und sie in Jesu Namen anwenden, das ist vielen Gläubigen völlig unklar, weswegen sie es nicht tun.

Die heilige Macht Gottes kehrt die Machtverhältnisse in der Welt um. Das ist sehr deutlich im Dienst Jesu zu sehen, in dem die Macht Gottes (das Reich Gottes) unentwegt zur Anwendung kam. Das Spiegeluniversum wird entmachtet und die Erfahrung der Wirklichkeit offenbart sich wirkmächtig. Sind wir auf der einen Seite krank, sind wir auf der anderen gesund. Sind wir im Spiegel schwach, sind wir in Wirklichkeit stark. Hier sind wir arm, dort reich.

Das Wesen der heiligen Macht, wie Gott sie uns in Christus erfahren lässt, ist in Jesaja 35 schön beschrieben, worauf Jesus in Lukas 7,22 (GNB) Bezug nimmt:

> *Er antwortete den Boten: „Geht zurück zu Johannes und berichtet ihm, was ihr hier gesehen und gehört habt: Blinde sehen, Gelähmte gehen, Aussätzige werden gesund, Taube hören, Tote stehen auf und den Armen wird die Gute Nachricht verkündet.*

Haben wir das Prinzip der Umkehrung der Machtverhältnisse auf Erden durch das Eingreifen einer höheren Macht verstanden, haben wir etwas Großes begriffen und erlangen eine neue Sicht für den Missionsbefehl Jesu. Ihm ist gegeben alle Macht im Himmel und auf der Erde … und wir gehen hin und wenden sie an auf die Kranken, Dämonisierten, auf jedes Übel unter der Sonne. Was immer Menschen zerstört, wird nun selbst zerstört, das Böse fällt auf den Bösen zurück, das Opfer aber wird aus seiner Ohnmacht erhoben zu einer heiligen Würde und zur Wiederherstellung seines gottgegebenen Mensch-Seins befreit. Von dieser Qualität des Seins weiß die Welt nichts und vermittelt in ihren Schulen entsprechend auch nichts davon, weswegen es wie ausgeblendet ist.

Made by God

> *Wenn ich den Himmel betrachte und das Werk deiner Hände sehe – den Mond und die Sterne, die du an ihren Platz gestellt hast –, wie klein und unbedeutend ist da der Mensch und doch denkst du an ihn und sorgst für ihn!*

Denn du hast ihn nur wenig geringer als Gott gemacht und ihn mit Ehre und Herrlichkeit gekrönt (Ps 8,4-6 NLB).

Wie in vielen meiner Bücher empfehle ich, Psalm 8 sorgfältig zu studieren und wie oben vielleicht auch einmal andere Übersetzungen heranzuziehen, um den vollen Umfang dessen zu erkennen, was dort über den göttlichen Menschen gesagt wird – nicht nur in den zitierten drei Versen. Es ist keine theologische „Meinung“, die uns dort von David vermittelt wird, sondern der Blick auf die Wirklichkeit. Und die ist heilig. Das bedeutet, dass in ihr alles genau das ist, was es ist – und nicht, was jemand für eine Meinung darüber hat.

Die Erfahrung, dass Gott uns ganz anders sieht, als alle anderen, nämlich so, wie es u. a. in Psalm 8 geschrieben steht, kann etwas in uns anstoßen, was wie erstorben ist. Eine uralte, generationenübergreifende Erinnerung wird geweckt, dass wir göttliche Wesen sind, die eine irdische Erfahrung machen. Dass wir, wenn wir in den Spiegel der Welt blicken, um uns zu erkennen, in den falschen Spiegel schauen. Dort finden wir nicht die Wahrheit über unsere Identität. Die finden wir im Spiegel Gottes – und der ist das Angesicht Jesu (vgl. 2 Kor 4,6). Schauen wir IHN an, finden wir UNS. Denn in seinem Bild sind wir erschaffen. Made by God!

Das Paradies

Gott ist allmächtig und wird als Gott an seinen Machttaten erkannt. Wie können wir dann ohnmächtig sein, wenn wir seine Kinder sind? Wo haben mächtige, einflussreiche Eltern ohnmächtige Kinder voller Minderwertigkeit? Gott ist Schöpfer, so auch wir als seine Kinder. *„Schöpfen“ ist eine heilige Aufgabe.* Wir alle sind kreative Wesen und wollen etwas zum Ausdruck bringen, in Bewegung setzen (initiieren) und entwickeln.

Gott erschafft ein Paradies. Genau das wollen auch wir im Kleinen tun, so wie er im Großen. Wir sind dafür gemacht, nur dass man das Paradies weder verdienen noch kaufen, weder manipulieren noch kontrollieren kann. Orientieren wir uns an Geld, wird niemals ein nachhaltiges Paradies dabei herauskommen, wie man am Zustand der Welt deutlich ablesen kann. Schauen wir auf Jesus, in dem wir unsere wahre Identität finden, dann entsteht durch uns überall das Paradies – egal wo wir sind und über welche Mittel wir verfügen.

Heiligkeit ist *statisch* in der Weise, dass sie einen ewigen Seinszustand innehat, in ihrem *dynamischen* Zustand jedoch ist sie schöpferisch und kreiert das Paradies bzw. bildet sie immer weitere Versionen davon. Es ist eine Kraft, die sich nicht aufbraucht. Sie ist immer „neu" und erschafft auch weiter Neues und erhält es. Darum erleben die Heiligen jeden Tag einen Neustart, erkennen sein Potential und nutzen die gegebenen Möglichkeiten für kreative Aktivitäten aus.

Bewegen wir uns auf dem heiligen Weg, dann sind wir dieser göttlichen Dynamik teilhaftig und können Ergebnisse erzielen bzw. Frucht hervorbringen, die außergewöhnlich und menschlich gesehen nicht machbar ist. Da Gott allem Tun unserer Hand auch noch Gelingen gibt (vgl. Ps 1,3), können wir unermesslich produktiv sein und ein großer Segen für viele. Dabei ermüden wir nicht so schnell (vgl. Jes 40,31), denn die Salbung des Heiligen Geistes lässt uns Widerstände überwinden, in Bewegung bleiben und weise handeln.

Das heißt nicht, dass wir psychisch und physisch nicht müde werden können, „straucheln und fallen", aber selbst in unserer Schwachheit ist Gott mächtig und hebt uns durch seine Salbung und Kraft auf wie ein Vater sein Kind.

> *Vom HERRN her werden eines Mannes Schritte gefestigt, und an seinem Weg hat er Gefallen; fällt er, so wird er doch nicht hingestreckt, denn der HERR stützt seine Hand* (Ps 37,23-24).

Das Paradies ist ein heiliger Ort. Ein Garten Eden voller Schönheit und Harmonie, in dem Gott und Mensch sich begegnen. Ein Garten ist etwas ganz anderes als eine Kirche oder ein Tempel, nämlich ein offener und kein geschlossener Raum. Sind wir verbunden mit dem „Gärtner“, dann erschaffen wir, egal wo wir sind und wie die Umstände auch aussehen mögen, einen heiligen Raum, in dem man Gott begegnen kann. Dies geschieht geradezu instinktiv; wir müssen es uns gar nicht bewusst vornehmen. Es geschieht wachstümlich.

Der Begriff „Akademie“ bezog sich ursprünglich auf einen Garten bzw. ein Wäldchen bei Athen, in dem Platon mit seinen Schülern philosophierte. Das ist doch etwas ganz anderes als ein Klassenzimmer! Unendlich viele Christen hatten schon die persönliche Vision des „inneren Gartens“, in dem sie Jesus begegnen, oft bei einer Bank, die dort unter Rosensträuchern o. Ä. steht. Gott arbeitet daran, unser verwüstetes Inneres wiederherzustellen und aus dem Chaos einen herrlichen Garten Eden zu bilden, in dem wir ihm begegnen können. Das Hohelied im Alten Testament beschreibt diesen „mystischen“ Garten ausführlich und in vielen Details. Die Sehnsucht des Menschen nach einem heiligen Neustart ist verknüpft mit der Sehnsucht nach dem ewigen, üppigen und lebendigen Garten, der ursprünglich unsere heilige Heimat ist.

Heimat

> Der Begriff Heimat verweist zumeist auf eine Beziehung zwischen Mensch und Raum (Territorium). Im allgemeinen Sprachgebrauch wird er auf den Ort angewendet, in den ein Mensch hineingeboren wird und in dem die frühesten Sozialisationserlebnisse stattfinden, die zunächst Identität, Charakter, Mentalität, Einstellungen und Weltauffassungen prägen ...
> Der Begriff findet aber auch in einem übertragenen, metaphorischen Sinne, etwa in der Bedeutung „geistige Heimat“, Verwendung. Der Heimatbegriff befindet sich in ständiger Diskussion ...
> Heimat ist „heile Welt“ und nur in der Dreiheit von Gemeinschaft, Raum und Tradition zu finden; denn nur hier werden

> die menschlichen Bedürfnisse nach Identität, Sicherheit und aktiver Lebensgestaltung in einem kulturell gegliederten Territorium befriedigt ...[6]

Heute, im Rahmen von Globalisierung und Überflutung der westlichen Länder mit Millionen von Migranten, scheint der Begriff der Heimat geradezu zu verschwinden. Viele Menschen ergreift eine Wehmut, wenn sie sehen, wie das, was über Generationen gewachsen ist und weitervererbt wurde, über Nacht abgeräumt und vergessen wird. Die Vertriebenen glorifizieren ihre Heimat zu himmelsgleichen, also heiligen Orten. Jetzt leben sie als Exilanten in der Fremde. Tatsächlich wird diese Begrifflichkeit im Hebräerbrief aufgegriffen:

> *In solchem Vertrauen sind sie alle gestorben – Abraham, Isaak und Jakob. Sie haben zu Lebzeiten nicht bekommen, was Gott ihnen versprochen hatte. Doch sie sahen es aus der Ferne und freuten sich darauf. Sie bekannten sich offen dazu, dass sie Gäste und Fremde auf der Erde waren. Wenn sie so etwas sagen, bringen sie damit zum Ausdruck, dass sie ihre wahre Heimat erst noch suchen. Wenn sie nämlich unter „Heimat" das Land verstanden hätten, aus dem sie weggezogen waren, dann hätten sie Gelegenheit gehabt, dorthin zurückzukehren.* ***Doch sie sehnten sich nach einer besseren Heimat, nach der himmlischen,*** *und deshalb schämt Gott sich auch nicht, ihr Gott – der Gott Abrahams, Isaaks und Jakobs – zu heißen. Er hatte ja auch schon* ***eine Stadt für sie*** *gebaut* (Hebr 11,13-16 GNB).

Wenn das Pendel auf die andere Seite schwingt, wird diese Heimatsehnsucht mächtig hervorbrechen. Was die künstliche und ideologisch gehirngewaschene „Welt" noch als Zugehörigkeit und Zuhause geboten hat, waren nur noch technische und sachliche Begriffe, aber keine, die „heile Welt" transpor-

---

[6] Ausschnitte aus dem umfangreichen Beitrag zum Thema „Heimat" auf Wikipedia, 15.12.22.

tieren. „Heimat“ ist der Boden, in dem man Wurzeln schlägt. Er kann heilige Qualitäten annehmen, Zugehörigkeit und Identität stiften. Jesus entbindet uns der irdischen Heimat und bietet uns eine himmlische. Meiner Meinung nach sollten wir als Christen ganz vertraut werden mit dieser neuen Heimat. Der Heilige Geist gibt uns Zugang zu himmlischen Bereichen. Betreten wir sie im Geist, fühlen wir es sofort: Heimat!

Kapitel 5

Das Glück der Heiligen

Aber freuen werden sich die Gerechten,
sie werden frohlocken vor dem Angesicht Gottes
und jubeln in Freude.

Psalm 68,7

Sünden bekennen

Aus dem bisher Gesagten erschließt sich der Gedanke, dass es alles, was es auf Erden gibt und was Menschen hier erfahren, auf eine unheilige und eine heilige Weise gibt, in einer unheiligen und in einer heiligen Variante. Selbst so etwas wie „Krieg und Frieden" gibt es auf beide Weisen. Das kann verwirrend sein. Es gilt: In dem Moment, in dem wir es Gott übergeben, was auch immer es ist, oder ihn bewusst einbeziehen, wird es geheiligt – auch „schlimme Dinge". Bei denen ist es eigentlich am nötigsten! Denn Gott vermag alles in das heilige Gegenstück des Unheiligen zu verwandeln. Alles Unheilige ist abgekoppelt von Gott und außer Kontrolle. Es kann von negativen Kräften für deren Absichten missbraucht werden. Kommt es zurück zu Gott, verliert es seine destruktive Macht und wird wieder an seinen Platz gerückt. Darum will Gott, dass wir unsere Sünden bekennen, denn dann verlieren sie ihre negative Ladung und werden aufgelöst oder umgewandelt in das segensreiche Gegenstück.

> *Wenn wir aber unsere Verfehlungen eingestehen, können wir damit rechnen, dass Gott treu und gerecht ist: Er wird uns dann unsere Verfehlungen vergeben und uns von aller Schuld reinigen* (1 Joh 1,9 GNB).

Es ist unsere Freiheit und damit Verantwortung, die Sünden zu bekennen oder nicht, sie zu behalten und daran zugrunde zu gehen oder sie loszuwerden und aufzuerstehen zu einem heiligen Neustart. Dabei können wir noch viel mehr tun, als nur unsere eigenen Sünden ans Licht zu bringen und Gott vorzulegen: Wir können mit denen unserer Familie, Schule, Firma, Nation und Welt gleich weitermachen! Je mehr das geschieht, desto mehr positive Energie strömt hinein und beginnt, das Chaos in ein Paradies zu verwandeln. So haben wir Teil an der Rückkehr der Welt nach Eden oder, anders gesagt, an der Versöhnung der Welt mit Gott. Denn wir kamen aus Eden und wir gehen wieder dorthin zurück – nach Hause. Die Zeit der Sünde, der Abkoppelung von Gott, des Ersatzes seiner väterlichen Versorgung durch Mammon, der Verdrehung von allem in sein Gegenteil usw. endet. Da sie sich selbst zerstört, kommt zwangsläufig der Punkt, wo die Sündenmatrix sich erschöpft und das Pendel loslassen muss. Dann wendet sich alles zurück zur Heiligkeit.

Damit einher geht ein „heiliges Gericht", in dem jegliche Verkehrtheit aus allen Zeiten aufgedeckt, bewertet und abgegolten wird. Alles wird ausgeglichen bis auf Null. Nur ein göttliches Gericht kann das leisten. Dann wird tatsächlich Frieden sein – völlig und umfassend, gültig und in Kraft, gegründet in Gerechtigkeit. Das Pendel kann sich bewegen, bis es damit aufhört und in völliger Ausgeglichenheit stehen bleibt. Was das bedeutet, wenn eine vollständige Harmonisierung eingetreten ist und der Friede *regiert*, das fällt uns schwer zu denken.

Dann wird der Frieden Gottes, der alles menschliche Begreifen weit übersteigt, euer Denken und Wollen im Guten bewahren, geborgen in der Gemeinschaft mit Jesus Christus (Phil 4,7 GNB).

Das Undenkbare denken

Womit wir bei einem wesentlichen Punkt sind: *Können wir Heiligkeit denken oder nicht?* Denn dann, wenn wir uns etwas nicht vorstellen können, wenn es außerhalb unseres Bewusstseins liegt, ist es für uns irreal. Vielleicht verfügen wir über ein vages, abstraktes Konzept oder religiös verzerrte Ansichten zum Thema, aber das reicht nicht aus. Darum ist die Offenbarung des Heiligen Geistes unabdingbar. Nur er kann uns neue Gedanken, Bilder, Inspirationen usw. eingeben (denen dann auch entsprechende Gefühle folgen), die wir in der Welt so nicht finden können, weil sie ja in dem Spiegel gefangen ist und nicht in der Wirklichkeit lebt, sondern in einer Schein-Realität, einer Simulation, die sich Sünde nennt.

An diesem Punkt müssen wir „höllisch" aufpassen. Denn manches klingt richtig und „biblisch", ohne es zu sein. Wenn unheilige Menschen Theologien über Heiligkeit entwickeln, kann dabei nichts Heiliges herauskommen, auch wenn sie Bibeltexte heranziehen. Das liegt ja auf der Hand, wird aber nicht genug beachtet. Nur weil jemand Theologie studiert hat und vielleicht sogar eine Lizenz zum kirchlichen Dienst erhält, heißt das nicht, dass er den heiligen Weg kennt und ihn in der Kraft des Heiligen Geistes geht, der ihm Tag für Tag offenbart, wie das geht. Wenden wir uns Jesus zu, bekehren uns und öffnen ihm unser Leben, beginnt der Prozess der Buße, in dem es nicht um Büßen geht, sondern in erster Linie darum, *neu zu denken*. Dieses Umdenken wird unser Leben lang nicht aufhören. Dem neuen Denken folgen neue Gefühle und auch neue Handlungen.

Um unser Denken tobt ein unsichtbarer, geistlicher Krieg, denn wer unser Denken füllt und bestimmt, ist de facto der

„Herr“. Das geht mit dem Aufstehen los. Was denken wir über den vor uns liegenden Tag? Haben wir Segens- oder Sorgen-Gedanken? Furcht oder Frieden? Erwarten wir vom Heiligen Geist Inspiration, was diesen Tag betrifft, um durch seine Offenbarung den heiligen Weg zu erkennen und ihn in seiner Kraft zu gehen?

> „Gott ist gegenwärtig" – so beginnt das wohl bekannteste Lied Tersteegens. An die Gegenwart Gottes glauben, dieser seiner Gegenwart ständig eingedenk sein und so sein Leben in der Gegenwart Gottes führen: das alles gehört zu Tersteegens Weg der Heiligung unseres Lebens. „Wer viel im inneren Gebet und Anschauung der Gegenwart Gottes lebt, der wird klar, licht und schön, dass öfters sogar andere Menschen das merken und fühlen können, es ruhe der Geist der Herrlichkeit über einer solchen Seele, obgleich sie nicht wissen, was das ist. Sobald wir des Morgens erwachen, sollen wir uns der herrlichen und liebreichen Gegenwart Gottes erinnern und unser Herz, unsren Willen und uns selber ganz dem Herrn zum Morgenopfer schenken auf eine innige und herzliche Weise ... Wie angenehm ist ein solches Herzensopfer dem lieben Gott! Und wie kräftig ist es zu deiner Heiligung! Ja, du würdest bald heilig sein, wenn du nur herzlich dabei bleiben könntest![1]

Während des Tagesverlaufs gilt es, die Aufmerksamkeit für den Geist beizubehalten, also wach und präsent zu bleiben und nicht in Gedanken abzudriften, die „denken, was sie wollen“, aber nicht, was *wir* wollen. *Wir* wollen in der Gegenwart Gottes bleiben! Die endlose Übung, unsere Gedanken zurückzuholen zu dem, worüber *wir* nachdenken wollen, z. B. „das Gute, Wohlgefällige und Vollkommene“ (vgl. Röm 12,2), stärkt unmerklich unseren Willen[2]. Ein passives „Sich-in-

---

[1] Albert Löschhorn, „Gerhard Tersteegens Auffassung von der Heiligung“, Brunnen-Verlag Basel 1969, S. 41-42.

[2] Es gibt kleine „Gebetswecker“ für den Gürtel, die z. B jede halbe Stunde daran erinnern, die Aufmerksamkeit wieder zurück auf Gott zu lenken. Vgl.

Gedanken-Treibenlassen", hört auf, wir fangen an, Selbstbeherrschung zu üben. Dabei gilt die Regel: Wenn wir das Gute denken, werden wir auch das Gute reden. Wenn wir es reden, ziehen wir es an. Schon wenn wir morgens über unseren Tag sagen: „Dies sei ein freundlicher und guter Tag – in dem Namen Jesu!", haben wir ihn damit gesegnet und ziehen den Segen an. Wenn wir gar nichts über unseren Tag sagen, wird er konsequent tun, was *er* will und nicht, was *wir* wollen. Das Chaos wird herrschen.

> Vor zwei Jahren hat mich eine tiefe Unzufriedenheit dazu geführt, dass ich mein Tun ungefähr alle 15 Minuten oder jede halbe Stunde bewusst auf den Willen Gottes hin auszurichten versuche. Alle diejenigen, denen ich diesen meinen Vorsatz gestand, sagten, das sei unmöglich. Aus dem, was ich da zu hören bekam, schließe ich, dass in Wirklichkeit nur wenige das auch nur versuchen. Aber dieses Jahr habe ich mit dem Versuch angefangen, alle meine wachen Augenblicke im bewussten Hinhören auf die innere Stimme zu verbringen und unablässig zu fragen: „Vater, was willst du, dass ich sage? Vater, was willst du, dass ich in dieser Minute tue?[3]

Zunächst begreifen wir nur sehr wenig von dem, was der Heilige Geist uns mitteilt, wir haben gar keinen Sinn dafür. Diesen erhalten wir zwar mit der Wiedergeburt (vgl. 1 Kor 2,16), jedoch muss er entwickelt werden. Dinge, die wir für unsichtbar und fiktiv hielten, werden uns real und Teil unseres Alltags. Neue Denkbahnen legen sich an, während andere beendet werden. In diesem Prozess wird unsere Wahrnehmung gedehnt. Wir werden immer bewusster und unser Unterscheidungsvermögen wird klar und scharf. Bald erkennen wir, dass das, was wir für normal hielten, unnormal war, und das, was wir für unnormal hielten, das eigentlich Normale ist. Heiligkeit

---

Hartmut Holler, *Der Gebetswecker:* Dr. Arne Elsens geniale Idee, um ständig mit Gott in Kontakt zu bleiben; GloryWorld-Medien, Xanten 2014.

[3] F. Laubach, s.o.

ist das Wesen der Normalität. Sie herrscht im Himmel und in der ganzen Schöpfung – außer in unserer Welt, die sich selbst und Gott beweisen will, dass sie auch ohne Integration in die heilige Wirklichkeit der Gegenwart Gottes eine eigene Scheinwirklichkeit kreieren kann, wo sie tun und lassen kann, was sie will ... Aber eigentlich, was sie *nicht* will.

Was wir wollen

Bei der Frage danach, was wir wirklich wollen, landen wir stets bei dem, was wir verloren haben: dem Paradies, dem Himmel, der großen Einheit mit allem, dem mächtigen Frieden, der nicht durch Kontrolle, sondern *durch Liebe* funktioniert. Wir sehnen uns nach der Gegenwart Gottes, einem spirituellen Leben voller Erleuchtung und einem hohen Niveau an Kreativität, Entfaltung und Erfolg.

Seltsamerweise fliehen wir vor dem, wonach wir uns sehnen: Heiligkeit. In diesem Wort stecken all die göttlichen Qualitäten, die das Leben wundervoll machen, etwa die „Frucht des Geistes“:

> *Der Geist Gottes dagegen lässt als Frucht eine Fülle von Gutem wachsen, nämlich: Liebe, Freude und Frieden, Geduld, Freundlichkeit und Güte, Treue, Bescheidenheit und Selbstbeherrschung* (Gal 5,22-23 GNB).

Wie könnte man sich *nicht* nach solchen Dimensionen, Kräften und Qualitäten sehnen? Wie sähe denn ein Leben aus, in dem diese „Frucht des Geistes“ nicht die Ausnahme, sondern die Regel wäre, das „Normal“, wo man so denkt, fühlt, arbeitet und lebt? Was hätte man dann für einen „Alltag“? Was für Beziehungen? Was für Perspektiven?

Die ganze Welt hungert nach dieser Frucht und versucht, einen Ersatz dafür anzubieten, aber der ist teuer, substanzlos und ineffektiv, weil er keine Kraft hat. Die Frucht *des Geistes* bezieht ihren „Saft“ nicht aus Leistung und Geld, sondern aus *dem Geist*. Der Geist ist eine ewige Quelle. Wir müssen einander nicht manipulieren und ausbeuten, um zu kriegen, was wir brauchen. DAS fließt aus der inneren Quelle des Geistes und macht uns unabhängig von der Welt als Ersatz-Lieferanten von Liebe, Frieden, Freude und allen anderen Aspekten der Frucht des Geistes. In einer Offenbarung sagte mir Jesus einmal:

> Zu eurem Erstaunen ist auf dem Herzen des Herrn dasselbe, was auf eurem Herzen liegt. Nun, da ihr wiedergeboren seid, ist das Reich Gottes in euren Herzen präsent. Nur, dass ihr so wenig davon erkennt und eurem eigenen Herzen so fremd seid. Der Feind hat eine Menge Vorstellungen aufgerichtet, insbesondere fromme Vorstellungen, die nicht mit der Wahrheit übereinstimmen. Der Stil an Christlichkeit, den ihr gelernt habt, ist vermischt mit vielen trügerischen Schein-Wahrheiten, die euer Herz ständig irritieren und übergehen. Dass die „Kirche" manchmal dafür sorgt, dass ihr euch eurer selbst schämt, anstatt euch eurer selbst bewusst zu werden (d. h. erweckt zu werden), das ist eine Tragik.
>
> Du hast es dir vorgenommen, die Herzen der Menschen nicht zu übergehen, sondern sie zu erkennen und ihnen Aufmerksamkeit zu geben. Das ist gut. Gottgewirktes Selbstbewusstsein ist etwas ganz anderes als egoistisches Selbstbewusstsein, welches ich Stolz nenne. Gottgewirktes Selbstbewusstsein steht zur Wahrheit und verbiegt sie nicht zu eigenen Zwecken. Wahres Selbstbewusstsein fließt aus wahrem Gottbewusstsein: der völligen Sicherheit, dass ich da bin und für euch sorge. Das Erleben meiner Nähe und Fürsorge im Alltag löst den Griff der Angst und Ohnmacht von den Herzen und lässt sie aus dem Albtraum der Sünde erwachen. Euer Gebet muss mich als den erweisen, der allumfassend da ist und sich um alles kümmert. Ich muss ganz groß werden und die Sicht füllen, bis die Augen nur noch mich sehen – in allem und jederzeit. Dann wird sich alles in allem erfüllen, was ich euch zusage, weil ihr es seht. Seht mich! Seht mich an! Nehmt die Augen von allem anderen weg und hebt sie auf zu mir.

Wenn Gott möchte, dass wir im Geist leben, um in unserem Leben die Frucht des Geistes auf der irdisch-materiellen Ebene hervorzubringen, dann stellen wir fest, dass wir das eigentlich ganz genauso wollen. Gottes Wille und unser Wille sind nicht so weit voneinander entfernt, wie wir meinen. Heiligkeit ist nicht nur etwas für Mönche und Nonnen, sondern für alle Menschen, die wirklich Menschen sein wollen – Menschen der Liebe, des Friedens, der Freude usw. Verwirklichte bzw. kultivierte Menschen von Reife und Format zeichnen sich stets durch die Frucht des Geistes aus. Sie sind keineswegs weltfremd, sondern der Welt gewachsen und weltüberwindend.

Gut, wohlgefällig, vollkommen

> *Und seid nicht gleichförmig dieser Welt, sondern werdet verwandelt durch die Erneuerung des Sinnes, dass ihr prüft, was der Wille Gottes ist: das Gute und Wohlgefällige und Vollkommene* (Röm 12,2).

Auch damit können wir doch wohl ganz übereinstimmen oder nicht? Was sollten wir denn anderes wollen als das Gute, Wohlgefällige und Vollkommene? Stimmen wir also mit Gottes Willen überein, stehen wir schon auf heiligem Boden! Natürlich ist unsere Idee darüber, was gut, wohlgefällig und vollkommen ist, durch die Sünde korrumpiert und eingeschränkt.

Der Heilige Geist aber offenbart uns immer weitere Dimensionen und Facetten von „gut, wohlgefällig und vollkommen“. Es sind Hauptfächer in seiner Schule, die es in unserem irdischen Unterricht nicht gab (obwohl es laut meiner Mutter früher einmal das Fach „Herzensbildung“ gegeben haben soll). Wir kommen aus dem Staunen nicht heraus, werden erleuchtet, erzogen und in ein Maß dieser heiligen Attribute eingeführt, das wir uns nicht im Geringsten hatten vorstellen können.

Mit der Zeit *werden wir* gut, wohlgefällig und vollkommen. Wobei Vollkommenheit nicht Perfektion meint, sondern Reife, welche die Frucht des Geistes hervorbringt. Das Ziel der Schule des Geistes ist nicht, dass wir lediglich immer mehr über die Aspekte der Heiligkeit *wissen*, sondern dass wir heilig *werden*. Mit den Jahren werden wir in Menschen verwandelt, die ein grundlegend gutes, wohlgefälliges und vollkommenes Leben führen. Das ist das „Glück der Heiligen".

Um das zu vermögen, brauchen wir neben Prozessen der Transformation auch ungleich mehr Kraft, als zum „alten" Leben in der Sünde nötig war. In meinen Vorträgen bitte ich die Leute, sich einmal vorzustellen, sie verfügten über zehnmal mehr Kraft bzw. Vitalität als jetzt. Wie wäre das? Die Bibel sagt von Anfang bis Ende, dass Gott mächtig und nicht ohnmächtig ist. So auch der Mensch, den er in seinem Bilde geschaffen hat. Durch den Sündenfall wurden wir von der Machtquelle abgetrennt und sterben vor uns hin. Werden wir jedoch wieder verbunden, kann die Kraft fließen und wir *„gewinnen neue Kraft; wir heben die Schwingen empor wie die Adler, wir laufen und ermatten nicht, wir gehen und ermüden nicht"* (Jes 40,31).

Das religiöse Bild, das uns kirchlicherseits allgemein von Heiligen vermittelt wurde, ist eher unattraktiv. Vitalität und Kraft gehören dort nicht gerade zu deren Attributen; die wahre Heiligkeit bewirkt aber genau das. Jedoch ist der Heilige in der Lage, sich zu zügeln, selbstbeherrscht und selbstlos zu sein. Himmlischer Mächte und Kräfte teilhaftig zu sein, ist eine selige Erfahrung, die uns aber zu Disziplin und Verantwortung verpflichtet. Unendlich vieles wird möglich, was es zuvor nicht war. Das ist beglückend.

Das Glück der Heiligen

> *Du wirst mir kundtun den Weg des Lebens;* ***Fülle von Freuden ist vor deinem Angesicht****, Lieblichkeiten in deiner Rechten immerdar* (Ps 16,11).

> ***Wie glücklich*** *ist ein Mensch, der sich nicht verführen lässt von denen, die Gottes Gebote missachten, der nicht dem*

Beispiel gewissenloser Sünder folgt und nicht zusammensitzt mit Leuten, denen nichts heilig ist.
Wie glücklich *ist ein Mensch, der Freude findet an den Weisungen des HERRN, der Tag und Nacht in seinem Gesetz liest und darüber nachdenkt.*
Er gleicht einem Baum, der am Wasser steht; Jahr für Jahr trägt er Frucht, sein Laub bleibt grün und frisch. Was immer ein solcher Mensch unternimmt, es gelingt ihm gut
(Ps 1,1-3 GNB).

... Jesus Christus, den ihr liebt, obgleich ihr ihn nicht gesehen habt; an den ihr glaubt, obwohl ihr ihn jetzt nicht seht, ***über den ihr mit unaussprechlicher und verherrlichter Freude jubelt;*** *und so erlangt ihr das Ziel eures Glaubens: die Rettung der Seelen* (1 Petr 8,8-9).

Die „Rettung unserer Seele" hängt offenbar ganz zentral an der Frage, was uns glücklich macht. Leider suchen die Menschen an der falschen Stelle danach und betreiben einen riesigen Aufwand, um Dinge mit „Glück" zu assoziieren, die es nicht wirklich bringen.

Nur der Himmel macht die Erde (nachhaltig, umfassend, durchdringend) glücklich.

Leider wurde das Bild von Jesus stark auf den leidenden Jesus am Kreuz verengt, der jedoch ***„um der vor ihm liegenden Freude willen*** *die Schande nicht achtete und das Kreuz erduldete und sich gesetzt hat zur Rechten des Thrones Gottes"* (Hebr 12,2). Gott-Vater wird von der Religion als ernst und streng dargestellt, Jesus als ewig leidend und die Heiligen als blasse, gebeugte Figuren mit abstoßend frömmelndem Gebaren, arm und bigott. Selten hören wir die Predigt von der „Fülle der Freude", dem großen Glück und der „unaussprechlichen und verherrlichten Freude der Gläubigen". Warum nicht?

Unter der Überschrift „Die Freude der Heiligen" schreibt Jerry Bridges in seinem Buch „Lebensstil: Heiligung":

Gottes Ziel für das Leben eines Christen ist Freude – nicht Schinderei. Die Vorstellung, dass Heiligung mit einer mürrischen Haltung verbunden ist, stellt eine Karikatur der schlimmsten Art dar. Nur wer den Weg der Heiligung geht, erfährt wahre Freude ...
In der Kraft dieser Freude beginnt er, Sünden zu überwinden, die ihn so leicht umstricken (Hebr 12,1). Er entdeckt dann, dass die Freude eines heiligen Wandels unendlich befriedigender ist als die kurzlebigen Vergnügungen der Sünde.[4]

Darum lasst uns durchhalten in dem Wettlauf, zu dem wir angetreten sind, und alles ablegen, was uns dabei hindert, ***vor allem die Sünde, die uns so leicht umgarnt****! Wir wollen den Blick auf Jesus richten, der uns auf dem Weg vertrauenden Glaubens vorangegangen ist und uns auch ans Ziel bringt. Er hat das Kreuz auf sich genommen und die Schande des Todes für nichts gehalten,* ***weil eine so große Freude auf ihn wartete.*** *Jetzt hat er den Platz an der rechten Seite Gottes eingenommen. Denkt daran, welche Anfeindung er von den sündigen Menschen erdulden musste! Das wird euch helfen, mutig zu bleiben und nicht aufzugeben* (Hebr 12,1-3 GNB).

Ich fürchte, es geht den religiösen Institutionen und ihren Aufsehern nicht darum, ihre „Schäfchen" in die große Freude zu führen, sondern ihre Seelen gebunden zu halten an die Religion und ihre Verwalter, die uns mit der Seligkeit ewig hinhalten und sie schließlich auf nach dem Tod im Himmel verschieben. Hier und jetzt gibt es keinen Grund zu frohlocken, denn schließlich seien wir Sünder, wird uns betont vermittelt.[5]

Sind wir bekehrt, verbunden mit Jesus, dann liegt unsere Identität allerdings nicht mehr in der Sünde, sondern in der

---

[4] Verlag der Francke-Buchhandlung, Marburg a. d. Lahn 1981, S. 136,138.

[5] Das lässt an den berühmten Film „Der Name der Rose" mit Sean Connery in der Hauptrolle denken (1986).

Heiligkeit; nicht mehr in unserem Ego, sondern in Jesus; nicht mehr in der Welt, sondern im Himmel, dessen Bürger wir in Christus geworden sind (vgl. Phil 3,20).

Unsere Seele ist auf Glück angelegt; sie gibt keine Ruhe, ehe sie es nicht erlangt. Darum sterben so viele Menschen ruhelos, denn sie sehen am Ende, dass sie den falschen Göttern nachgelaufen sind, um das Glück zu finden. Ich habe drei Jahrzehnte lang im Krankenhaus gearbeitet und weiß, wie ein großer Teil der Leute dort ihr Leben beendet. Auch wenn den Angehörigen stets beteuert wird, wie friedlich ihre Sterbenden eingeschlafen seien, ist das in den seltensten Fällen wahr. Sie sterben vollgepumpt mit Betäubungsmitteln und merken *bewusst* so wenig von ihrem Tod wie zuvor von ihrem Leben. Aber ihre Seele kämpft dagegen an und bäumt sich in Agonie auf, um nach dem Sinn des Ganzen zu schreien und eine Hilfe zu finden, die kein Arzt und kein Medikament ihnen zu vermitteln vermag. Dem nicht gelebten Leben läuft die Zeit davon! Noch einmal: Nur der Himmel macht die Erde glücklich.

In der Not

Die geistgewirkte Freude hat eine weltüberwindende Qualität. Das Glück der Heiligen ist eines, das nicht dadurch glücklich ist, dass es das Elend ausblendet, sondern mit Gott zu verknüpfen vermag, der Heilung und Erlösung hineinbringt, um das Schicksal zu wenden. Tatsächlich sind es gerade die Glücklichen, die wirklich die Kraft haben, dem Unglück etwas entgegenzusetzen.

> Sie nutzen jede Krise als einen Weckruf und eine Herausforderung, um tiefer zu erwachen. Das können sie, weil sie davon überzeugt sind, dass Christus in ihnen mächtig ist. In kritischen Umständen entdecken sie, wie sie dennoch ihre heiligen Werte, wie Vertrauen, Würde, Respekt und Ehrlichkeit, leben können. Ihr Denken ist nicht starr, sie verharren nicht im lähmenden Tunnelblick, sondern werden kreativ. Der Heilige Geist

kann ihnen tausend Möglichkeiten zeigen, wie sie der Herausforderung schöpferisch begegnen können. Mit Gott durchbrechen sie festgelegte Routinen und Urteile. Darum betrachten sie die Krise als Gewinn und handeln aus einem klaren Geist heraus. Viktor Frankl wählte es, selbst im KZ einen Sinn zu sehen, um zu lernen.[6]

Aufgrund der Glückseligkeit Gottes können auch wir uns unserer ewigen Glückseligkeit sicher sein. Darüber schreibt Stephen Charnock (1628–1680):
„Wäre er nicht zuerst unendlich glückselig und in sich erfüllt, so könnte er nicht so unendlich gut und bereichernd uns gegenüber sein. Hätte er nicht eine unendliche Fülle in seiner eigenen Natur, so könnte diese nicht auf seine Geschöpfe überströmen. Hätte nicht die Sonne eine Fülle von Licht in sich und das Meer schier unendliche Wassermassen, so könnte weder die Eine die Welt mit Lichtstrahlen bereichern noch das Andere jeden Bach mit seinen Wassern füllen." (Works of Stephen Charnock, Bd. 2, S. 288)
Dass Gott uns seine Glückseligkeit anbietet, ist in etwa so, wie wenn der Ozean anbieten würde, ein Schlagloch zu füllen.[7]

Die Erfahrung, dass der Himmel per se glücklich ist, ein Ort ohne all die Attribute des Unglücks wie Leid, Geschrei, Krankheit und Tod, ist „glückselig". Dass man in Christus an diesem Ort partizipiert und ihn mit der Zeit sogar als seine eigentliche Heimat erkennt, bleibt nicht ohne Folgen. Wie können wir chronisch niedergeschlagen sein, wenn der ganze Himmel, inklusive Gott und alle Engel, es *nicht* ist? Dass eine Menge Christen es doch sind, zeugt von einer eklatanten Unverbundenheit mit jenem Ort voller Herrlichkeit, Sicherheit, Kraft und Licht. Das Himmlische ist einem da zu unreal, das Irdische hingegen zu real. Die Aufmerksamkeit wird von den Sorgen der Welt aufgesaugt und geschwächt. Egal wie viele

---

[6] Angelehnt an den Kurs „Krisenpower" von Veit Lindau.

[7] Aus dem Artikel „Die Quelle der Glückseligkeit" von Mark Jones, www.evangelium21.net/media/2172/die-quelle-der-glueckseligkeit

wir bewältigen, es werden nie weniger. Es ist eine teuflische Versuchung zu denken: Erst wenn ich noch dieses Problem gelöst und jene Hürde genommen habe, kann ich aufatmen und glücklich werden. Besser, wir werden *zuerst* glücklich, dann lösen sich unendlich viele Krisen und Nöte wie von alleine auf.

Für viele Gläubige ist es unverständlich, dass sie in Zuständen von Mangel oder Krankheit feststecken. Tausend Mal haben sie gebetet und Gott ihre Not geschildert, aber der scheint taub zu sein. Jedoch führt der heilige Weg nicht nur über Höhen, sondern auch durch Täler. Dort zeigt es sich, wie es um unseren Glauben bestellt ist. Ob er ausreichend entwickelt ist, auch dort die Verbindung mit Gott so weit aufrechtzuerhalten, dass die Teilhabe am Himmel so stark ist, dass wir zwar von Problemen und Herausforderungen umringt sein können, aber es berührt uns nicht in der Weise, dass es unsere Aufmerksamkeit bindet und unsere Gefühle komplett bestimmt. Sie drehen sich um den Gott, der ohne Sorge ist und uns versprochen hat, sich um unsere Sorgen zu kümmern, sodass wir die Freiheit haben, inmitten von Schwierigkeiten zuversichtlich zu sein. Wie unglaublich vorteilhaft ist es doch, eine Glücksquelle zu haben, die völlig unabhängig von irdischen Umständen sprudelt! Die Heiligen lernen, aus ihr zu trinken, bis die Seele zufrieden ist und Ruhe findet – trotz widriger Umstände.

> *Siehe, Gott ist mein Heil, ich bin voller Vertrauen und fürchte mich nicht. Denn Jah, der Herr, ist meine Stärke und mein Loblied, und er ist mir zum Heil geworden.*
> ***Mit Freuden werdet ihr Wasser schöpfen aus den Quellen des Heils*** *und werdet an jenem Tag sprechen: Preist den Herrn, ruft seinen Namen aus, macht unter den Völkern seine Taten bekannt, verkündet, dass sein Name hoch erhaben ist. Lobsingt dem Herrn, denn Herrliches hat er getan! Das soll auf der ganzen Erde bekannt werden* (Jes 12,2-5).

Die Mission der Heiligen

Aus diesem sagenhaften Vorteil, über eine Quelle des Heils zu verfügen, ergibt sich wie von alleine die Mission der Heiligen, diese Möglichkeit überall bekannt zu machen. Gott ist bereit, sich jedem Menschen als persönliche Heilsquelle zur Verfügung zu stellen, sodass die Freude auch bei ihm Einzug halten und er sagen kann: „Ich bin voller Vertrauen und fürchte mich nicht!"

DAS in einer Welt sagen zu können, wo das Vertrauen unentwegt verraten und verletzt wird und die Menschheit geradezu besessen ist von Furcht, ist übernatürlich. Für die Heiligen ist es freilich natürlich. Sie sind aber durch ihre beständige Heilserfahrung motiviert, bekannt zu machen, dass es das gibt. Sie sind keine Missionare einer Religion, sondern des Heils. Den so genannten Missionsbefehl Jesu sehen sie nicht als schwer zu erfüllende Aufgaben an, zu der sie quasi gezwungen sind nach dem Motto: „Jeder Christ ein Missionar!" Nein, das erfahrene Heil in allen seinen Facetten, die Erfahrung von Sorglosigkeit und Stärke, kindlicher Freude, bis einem das Singen wiederkehrt, das sich in der Welt meist schon früh zum Jammer gewandelt hat, das ist die richtige Motivation, Menschen damit bekannt zu machen.

> Das Gefühl, von einer unsichtbaren Hand geführt zu werden, die mich an der Hand hält, während eine zweite Hand vorausgreift und den Weg bereitet, kommt mir tagtäglich mehr. Ich brauche mich überhaupt nicht um gute Gelegenheiten zu bemühen. Sie rollen mir entgegen, wie Wellen auf den Strand zurollen, und dennoch ist genügend Zeit dafür, jede Gelegenheit (missionarisch) zu nutzen ...
> Ich muss bezeugen, dass die Menschen von außen her mich jetzt anders behandeln. Hindernisse, die ich früher als unüberwindlich betrachtet hätte, lösen sich wie Luftspiegelungen auf. Menschen, die mir gegenüber misstrauisch waren oder mich nicht beachteten, werden freundlich zu mir. Ich fühle, ja fühle

> mich wie jemand, der seine Violine nicht richtig auf das Orchester abgestimmt hatte und jetzt in Harmonie mit der Musik des Universums ist.[8]

Meine Erfahrung mit einigen Gemeinden ist diesbezüglich leider nicht gerade erfreulich. Die Mission ist dort häufig beladen mit religiösen Vorstellungen, in denen Freude als Motor keine tragende Rolle spielt. Man hat „gehorsam" zu sein, das wird zur Triebfeder der Mission erklärt. Menschen, die selbst keine Freude haben, sollen nun „im Gehorsam" anderen Menschen die große Freude verkündigen, wie einst der Engel an Weihnachten:

> ***„Siehe, ich verkündige euch große Freude,*** *die für das ganze Volk sein wird. Denn euch ist heute ein Retter geboren, der ist Christus, Herr in Davids Stadt"* (Luk 2,10-11).

Die Menschen hören aber nicht auf das, was wir sagen, sondern schauen darauf, wie wir sind. Sind wir selber nicht begeistert, beglückt und geborgen, dann scheint an unserer Botschaft etwas nicht zu stimmen und unser Glaube nicht wirklich zu funktionieren. Eine auf Gehorsam getrimmte Gemeinde, die keine Freude hat, sondern Stress, ist unattraktiv. Wer will denn so werden wie diese Schein-„Heiligen", die selbst das Heil offenbar nur in der Theorie erleben, aber nicht im Alltag? Nitzsche hat über die Christen gesagt: „Bessere Lieder müssten sie mir singen, dass ich an ihren Erlöser glauben lerne: erlöster müssten mir seine Jünger aussehen!"[9]

> Ich habe eine Faszination für die Gemeinsamkeit mit Gott empfunden, die mir alles von Gott Abweichende abstoßend vorkommen lässt. Heute Nachmittag hat mich das Bewusstsein,

---

[8] F. Laubach, s. o., S. 10-11.

[9] Aus: Nietzsche, Friedrich: Also sprach Zarathustra. Bd. 2. Chemnitz, 1883. https://www.deutschestextarchiv.de/book/view/nietzsche_zarathustra02_1883?p=25

> Gott zu besitzen, mit derart unbändiger Freude überkommen, dass mir war, als hätte ich etwas Derartiges überhaupt noch nie gekannt. Gott war so nah und so wunderbar liebenswürdig, dass ich das Gefühl hatte, vor einem ganz eigenartigen Glücklich- und Zufriedensein ganz und gar zu zerschmelzen. Seit dieser Erfahrung, die mich jetzt mehrmals in der Woche überkommt, stößt mich die Faszination des Schmutzigen regelrecht ab, denn ich weiß um seine Kraft, mich von Gott wegzuziehen. Und nach einer Stunde enger Freundschaft mit Gott fühlte sich meine Seele so rein wie frisch gefallener Schnee.[10]

Vor vielen Jahren las ich das Buch von Demos Shakarian: „Die glücklichsten Menschen auf Erden“[11]. Er gründete die weltweite Bewegung der „Geschäftsleute des vollen Evangeliums“ bzw. der „Christen im Beruf“[12]. Seine Lebensgeschichte ist ein überwältigendes Zeugnis dafür, wie eine neue Welle der Mission über die ganze Welt gegangen ist, als Christen die Freiheit, die Kraft und Quelle des Heiligen Geistes neu entdeckten und wortwörtlich die oben zitierten Verse aus Jesaja 12,2-5 erlebten. Wie ein Lauffeuer breitete sich diese völlig informelle Bewegung aus.

Wie zu erwarten, konnten die institutionellen Kirchen nicht viel damit anfangen, es war ihnen zu „wild“ und „unordentlich“, zu „spontan“ und „unorthodox“. Der Heilige Geist goss Öl ins Feuer, um es anzufachen, sie aber Wasser, um es zu löschen. Diese Situation finden wir leider bei allen Erweckungen wieder. Die verfasste Kirche fürchtet die vom Heiligen Geist initiierten Erweckungen, denn sie sind schwer zu kontrollieren, haben eine ihnen fremde Dynamik und erreichen im Nu, wofür sie ewig lange braucht. Sie fühlt sich davon

---

[10] F. Laubach, s.o. S. 21

[11] Original: „The Happiest People on Earth“ 1975, Aktuelle deutsche Ausgabe: Asaph-Verlag 1999.

[12] Deutscher Zweig der „Full Gospel Business Men's Fellowship International“, https://christen-im-beruf.de

infrage gestellt. Tatsächlich verlassen Menschen ihre Kirchen, weil sie dort das Heil nicht finden – nur in der Theorie, aber nicht in Kraft. Erleben sie es dann doch einmal irgendwo, sind sie weg.

Das Buch von Shakarian erlebte seit seinem Erscheinen im Jahr 1975 zahllose Neuauflagen und wurde in viele Sprachen übersetzt. Sein durchschlagender Erfolg erklärt sich mir ganz wesentlich durch den Faktor der Freude. Daneben zeigt uns das Buch eine Art von „Heiligkeit", die nicht langweilig, sondern abenteuerlich ist. Das war mir seinerzeit neu. Davon wollte ich mehr wissen!

Getrieben von Sehnsucht

An dieser Stelle möchte ich noch auf ein weiteres Buch hinweisen, das sowohl mir als auch meiner Frau im Hinblick auf ein neues Verständnis für den „heiligen Lebensstil" in der glücklichen Variante sehr hilfreich war. Es stammt von einer „einflussreichen Vertreterin der amerikanischen Heiligungsbewegung" (Wikipedia) namens Hannah Whitall Smith. Im Jahr 1870 veröffentlichte sie den Welt-Bestseller „The Christian's Secret of a Happy Life", auf Deutsch: „Das Geheimnis eines glücklichen Christenlebens". Bis heute ist es ein immer neu aufgelegter Klassiker, dessen Ausgaben in die Millionen gehen. Im Vorwort der Ausgabe des Herold-Verlages[13] heißt es:

> Als Quäker, Rebell und Realist nahm sie (Hanna Whitall Smith) das Leben, wie sie es fand – und sie fand es gut. In einer Zeit, in der die Schatten menschlichen Irrtums und Abfalls schwer über der Welt hingen, schrieb sie dieses Buch und legte es ihrer Generation vor als einen Schlüssel zum Hause des Lichts. Ihre Zeitgenossen schätzten es sehr hoch. Denn ihre Zeit sah in diesem Buch das, nach dem sie sich sehnte: die geöffnete Tür zu einem überfließenden Leben.

---

[13] Herold-Bücher im Verlag Schulte & Gerth, Aßlar 1993, S. 5.

An dieser Sehnsucht hat sich nichts geändert. Das heilige Leben ist grundlegend getrieben davon. Sehnsucht ist eine mächtige Herzensdimension, die uns weit über unser Ego hinauswachsen lässt. Die vom Heiligen Geist angefachte Flamme der Sehnsucht kann zu einem Feuer Gottes in uns werden, das uns sämtliche Widerstände – ob klein oder groß – überwinden und Konflikte bewältigen lässt, wie wir es nie für möglich gehalten hätten. *Sehnsucht* und *Überwindung* sind treibende Kräfte für die Heiligen!

> *Wer ein Ohr hat, höre, was der Geist den Gemeinden sagt! Wer überwindet, dem werde ich zu essen geben von dem Baum des Lebens, welcher in dem Paradies Gottes ist* (Offb 2,7).

Diese Verse stellen die erste Belohnung aus einer ganzen Reihe dar, die in Offenbarung 2 und 3 präsentiert werden. Eine davon ist phantastischer als die nächste. Alle diese Verheißungen gelten denen, die in der Kraft des Heiligen Geistes das überwinden, was sie abhält, sich an Jesus zu orientieren und die Gegenwart Gottes zu kultivieren. Ob es die viele Gemeindearbeit, falsche Propheten, sich verselbständigende Traditionen oder eklatante Selbstüberschätzung waren, Jesus warnte sie davor, so weiterzumachen. Aber er beließ es nicht bei Verwarnungen, sondern stellte auch große Geschenke in Aussicht für diejenigen, die sich aufmachen, auf den heiligen Weg zurückkehren und ihn weiter in Richtung Herrlichkeit und Einheit mit Gott gehen.

Die Heiligen wissen um den „großen Lohn", der den „Überwindern" winkt und streben dem mit leidenschaftlicher Sehnsucht nach. Wenn sie von dem Baum des Lebens, der in dem Paradies Gottes steht, lesen und in Aussicht gestellt bekommen, seine Frucht essen zu dürfen – ganz real, nicht nur als Metapher –, dann geht es ihnen durch und durch. Sie sind zutiefst berührt und zuhöchst motiviert davon, eine solch überirdische Erfahrung zu machen. Ich selbst habe es erlebt.

Der Autor John Sherrill, der die Geschichte von den „glücklichsten Menschen auf Erden" aufgeschrieben hat, war übrigens auch maßgeblich an so spannenden und berühmten Büchern wie „Die Zuflucht", „Der Schmuggler Gottes" sowie „Das Kreuz und die Messerhelden" beteiligt. Alle diese Publikationen wurden Welt-Bestseller mit Millionenauflagen und teilweise verfilmt. Dann entdeckte ich, dass es da noch ein nicht ganz so bekanntes Buch von Sherrill gab, in dem er im Auftrag eines Verlages das Phänomen der Zungenrede untersuchte. Es heißt: „Sie sprechen in anderen Zungen" und war mir ebenfalls überaus nützlich, denn die „Sprachenrede" ist eine heilige Sprache und eine Heilsquelle sondergleichen.

Kapitel 6

Die Sprache der Heiligen

Ihr aber, Geliebte,
erbaut euch auf eurem heiligsten Glauben,
betet im Heiligen Geist,
erhaltet euch in der Liebe Gottes …

Judas 21

Konflikte

Ich weiß nur zu gut um die kirchlichen Kontroversen um das „Beten im Heiligen Geist", auch bekannt als „Sprachengebet" oder „Zungenrede". Alle diese Begriffe meinen dasselbe. Gemeint ist, dass wir inspiriert vom Heiligen Geist Worte sprechen, beten oder singen, die wir nicht gelernt haben. Es handelt sich um andere irdische oder aber himmlische Sprachen. Jesus selbst verknüpft im Missionsbefehl diese „Sprachen" oder „Zungen" mit dem Glauben und dessen Wirkungen (vgl. Mk 16,17). An Pfingsten spielte es eine prominente Rolle (vgl. Apg 2,4) und so auch in der Besprechung der Geistesgaben von Paulus (vgl. 1 Kor 14). Sie sind nach seiner Theologie unabdingbar für den Aufbau der Gemeinde.

Viele Gemeinden verzichten jedoch darauf oder warnen sogar davor. Warum tun sie das? Dafür werden viele „kluge"

Gründe angegeben, hinter denen meines Erachtens aber vor allem eine zentrale Ursache steht: Sie haben keine Kontrolle über das im Geist Gebetete, Gesagte oder Gesungene. Womöglich wird es ausgelegt und sagt der Gemeinde in einer prophetischen Art und Weise Dinge, die der Leiterschaft nicht gefallen. Vielleicht etwas nach Art der sieben Sendschreiben im Buch der Offenbarung (vgl. Offb 2–3), in denen Jesus jenen sieben Gemeinden aufdeckte, was mit ihnen nicht stimmte. Davon war weiter oben im Zusammenhang mit den Belohnungen, die denen winken, die sich korrigieren lassen würden, ja schon die Rede.

Da es *Menschen* sind (und nicht Organisationen), die vom Heiligen Geist erfüllt werden und die in die Erfahrungen und den Umgang mit Wirkungen, Gaben und Diensten des Geistes hineinwachsen müssen, kommt ihre charakterliche Reife bzw. Unreife dabei zum Ausdruck. Fehler werden gemacht. Um sie zu vermeiden, gleich das ganze geistgewirkte Leben zu unterdrücken oder auszusetzen, hieße, das Kind mit dem Bade auszuschütten. Wollen wir geistlich reife Menschen heranbilden, braucht es auch geistlich reife Begleiter, Älteste, den fünffältigen Dienst, wie er in Epheser 4 benannt wird. Aber wo haben wir diese geistlichen „Väter und Mütter", die Vorbilder und „Meister"? Wie lange wurde es Jesus verwehrt, *seine* Gemeinde zu bauen, indem wir selbst es übernommen haben, und sie zu *unserer* Gemeinde gemacht haben? Weithin bringt sie heute nicht Jesus, sondern uns selbst zum Ausdruck. Sie gleicht damit geistlich gesehen eher der „Hure" als der „Braut".

> Ein selbst gemachtes Christenleben, von dem nicht Christus im Inneren lebend der Ursprung und die Seele ist, ist nicht das, was es genannt wird, sondern eine tote Larve, eine äußere Gestalt ohne Leben und Kraft.[1]

[1] Tersteegen, „In Gottes Gegenwart", Neufeld Verlag, Cuxhaven 2011, S. 30.

Die Heiligen begrüßen die vom Heiligen Geist bewirkten Überführungen und Aufklärungen, weil sie die Tugenden der Braut Christi attraktiv finden und im Licht wandeln wollen. Jesus so nah zu sein, dass eine Vereinigung stattfinden kann, ist ihr Ziel. Sie sind bereit, alles zu tun, um die Gemeinde als Gottes Gegenüber wiederherzustellen und mit ihr den heiligen Weg zu gehen – in der Kraft und Offenbarung (dem Licht) des Geistes. Andere in der Gemeinde jedoch wollen davon nichts hören. Ihr Ego ist dominant, ihre starre Theologie und Tradition halten sie für maßgeblich, ihre Liturgie für unantastbar.

Um solche Konflikte zu vermeiden und niemanden in Verlegenheit zu bringen oder gar wütend zu machen, verbannen darum viele Kirchen die Sprachenrede und die Anbetung in Zungen aus ihren Gottesdiensten. Und in der Folge zumeist auch alle anderen Geistesgaben, denn wir können uns nicht herauspicken, was uns gefällt, und den Rest einfach weglassen. Entweder wir nehmen das ganze Paket entgegen oder verlieren den kompletten Satz der Geistesgaben. Sie werden dann durch menschliche Programme ersetzt. Das ist meines Erachtens höchst fragwürdig und kann den Geist dämpfen, was uns nicht zusteht.

> *Unterdrückt nicht das Wirken des Heiligen Geistes. Verachtet nicht die Weisungen, die er euch gibt* (1 Thes 5,19-20 GNB).

Uns fehlen die Worte

Werden wir wiedergeboren und tauchen mit unserer Bekehrung in die Dimension der Heiligkeit ein, fehlen uns zunächst jegliche Kenntnisse darüber. Wir betreten eine uns bis dato unbekannte Realität, für die wir noch keine Sinne entwickelt haben. Uns fehlen die Worte. Die Wahrnehmung heiliger Dimensionen teilt uns der Heilige Geist in therapeutischen Dosen mit. Er spricht und offenbart Gottes Reich jedoch weniger in unserem Kopf, sondern in unserem Herzen. Davon können wir völlig abgekoppelt sein, um in einer falschen

Welt ein falsches Leben mit einer falschen Identität zu führen. Noch einmal Tersteegen:

> Ach! Ich fürchte, dass mancher Gott und sich selber so unbekannt ist, dass er wegen solcher Leichtsinnigkeit besser weiß, was hundert andere machen, als was in seinem eigenen Herzen vorgeht und von Gott darin gewirkt wird.[2]

Die Worte und Offenbarungen des Heiligen Geistes in unserem Herzen suchen einen Weg in unser Denken und unseren Mund, um ausgesprochen zu werden. *„Wes das Herz voll ist, geht der Mund über“* (vgl. Mt 12,34).

Gott bewirkt alles durch Worte. Von A-Z belegt die Bibel diese Tatsache. Kein geistlicher Mensch bezweifelt die Wirkung von Worten. Sie formulieren Absichten und transportieren Geist. Die Bedeutung und Macht des Wortes habe ich in anderen Büchern ausführlich behandelt und will es hier nicht neu erörtern.[3]

Meiner Erfahrung nach will der Geist *sehr viel* reden, denn unser ganzes Leben will verwandelt werden; jeder Aspekt ist davon betroffen. Und dann will er auch heilige Worte über alle unsere Beziehungen und Angelegenheiten reden. Über unsere Vergangenheit, Gegenwart und Zukunft, unsere Berufung und Bestimmung, über Zeit und Ewigkeit – einfach ALLES. Über vieles haben wir bisher falsch gedacht und entsprechend verkehrt geredet. Über anderes haben wir überhaupt noch nichts gedacht und gesagt, was aber dringend nötig wäre. *Die Wahrheit, die uns frei macht, will ausgesprochen werden.* Die nötigen Gebete, Bestimmungen und Segnungen müssen geäußert werden. Oh, wie habe ich unter diesen trockenen Gebetsstunden gelitten, wo der Verstand am Ruder saß und seine kleinen Standardgebete verrichtete, um dann nach ein paar Minuten nicht weiterzuwissen und die Zeit abzusitzen. Eine Qual!

---

[2] Tersteegen, s.o., S. 9.

[3] Zum Beispiel: „Geheimnisse der Kraft“, GloryWorld-Medien, Xanten 2021.

Verschiedene Sprachen

Dann erlebte ich, wie der Heilige Geist ans Ruder kam und das Beten gleichsam übernahm. Worte, die ich nicht verstand, strömten aus dem Herzen hervor wie die im vorherigen Kapitel erwähnten „Quellen des Heils“. Zuerst blockierte ich diesen Strom von Worten ständig mit Einmischungen meines Verstandes, der es nicht ertragen konnte, diese Rede nicht unter seiner Kontrolle zu haben. Ich war extrem misstrauisch, wusste aber auch, ich würde erst nach einer gewissen Zeit beurteilen können, ob diese „Sprachen“ etwas Heiliges sind und wirklich vom Geist in mein Herz gelegt wurden oder eben nur Einbildung seien. Bald merkte ich, dass die Sprachen umfangreicher wurden, intensiver, ausdrucksstärker und klarer. Oh wie anders wurde das Beten, wie stark das Singen! Eins zu eins erlebte ich die Erfüllung von Römer 8,26:

> *Ebenso aber* ***nimmt sich der Geist auch unserer Schwachheit an****, denn wir wissen nicht, was wir bitten sollen und wie es sich gebührt, aber der Geist selbst verwendet sich für uns (oder mit uns) in unaussprechlichen Seufzern. Der aber die Herzen erforscht, weiß, was der Sinn (die Absicht) des Geistes ist, denn* ***er verwendet sich für Heilige*** *Gott gemäß* (Röm 8,26-27).

Man kann sagen, Heiligkeit definiert sich u. a. als „Gott gemäß sein“. Dafür braucht es ein Gebet, welches unsere menschlichen „Schwachheiten“ übersteigt, ein anhaltendes und intensives Gebet, einen konstanten Dialog mit Gott. Wer in Sprachen betet, lernt bald, dass es Sprachen für die Anbetung gibt und andere für die Fürbitte oder prophetischen Aussprüche über was auch immer.

Einmal erlebten wir im Gebetskreis, bei dem iranische Flüchtlinge anwesend waren, die kaum Deutsch verstanden, dass sie höchst erstaunt reagierten, als wir in Sprachen beteten. Hinterher fragten sie mich, ob ich denn ihre Sprache sprechen würde, denn das hatte ich getan! Auf meine Frage, was ich denn da gesagt hätte, meinten sie, ich hätte über die Liebe Gottes gesprochen. Sie waren davon tief berührt, denn offenbar galten diese Worte ja ihnen ganz persönlich.

Der Geist kann energisch werden, viel mehr, als wir selbst es vermögen, aber auch dermaßen sanft, dass man dahinschmelzen will. Wir erleben, dass wir im Geist weinen und lachen, schreien und flüstern, flehen und jubeln. Wir bewegen uns in tiefste Tiefen und höchste Höhen, von denen wir menschlich gesehen gar nichts wissen. Zu den Worten gesellen sich Bilder, von denen wir bald merken, dass sie nicht unserer Phantasie entspringen, sondern im gleichen Geist aus unserem Herzen aufsteigen wie die Worte.

Die Erweiterung unserer Fähigkeiten, geistliche Dinge zu unterscheiden, nimmt damit gewaltig zu. Vieles, was uns unverständlich und unzugänglich war, wird uns vom Geist aufgedeckt und erklärt. Im Gebet über Dinge zu sprechen, die wir mit dem Verstand nicht kennen und wissen, ist herausfordernd, aber auch befreiend. Es geht aus der Enge in die Weite. Denn so viel, wie er sich einbildet, weiß und versteht der Verstand nicht! Das Joch der Kontrolle einmal abzuwerfen und unter das Joch von Jesus zu kommen, um an Gedanken teilzunehmen und Wege zu gehen, die höher sind als die menschlich-irdischen Gedanken (Ideologien) und Wege, ist eine Glückseligkeit. Dass wir mit Gott synchronisiert werden und lachen, wenn er lacht, und weinen, wenn er weint, und nicht irgendeine eigene Agenda durchdrücken, ist eine weitere Seligkeit.

Zudem ist das Sprachengebet ein Schlüssel zur Erfahrung der anderen Geistesgaben, weil wir durch den Geist für den Geist sensibilisiert werden. Bleiben die Heiligen durch die Hilfe des Heiligen Geistes in dem gottgefälligen Gebet, dann erbaut sie das auf ihren *heiligsten Glauben*, wie es in Judas 21 heißt. Aufforderungen wie die in 1. Thessalonicher 5,16-18 werden uns auf einmal möglich, weil Gott selbst es durch seinen Geist – allezeit – in uns tut.

Freut euch allezeit! Betet ohne Unterlass! Sagt in allem Dank, denn das ist der Wille Gottes in Christus Jesus für euch.

Aus uns selbst heraus ist nichts davon machbar, *in Christus* aber ist es uns möglich, denn dort erfahren wir den Beistand des Heiligen Geistes, der uns – ihm gemäß – die Erfüllung des Willens Gottes ermöglicht.

Ich bin gerade von einem Spaziergang zurückgekehrt, einem so wunderbaren Spaziergang, dass ich das Gefühl hatte, es müsste die allgemeine Regel sein, dass alle Menschen jeden Abend ganz allein einen Spaziergang machen sollten, bei dem sie laut reden könnten, ohne von jemandem gehört zu werden, und dass sie alle während dieses Spazierganges mit Gott reden und es zulassen sollten, dass er ihre Zunge zum Antworten gebraucht – und sie Gott den Großteil des Redens überlassen. Denn das scheint mir genau das zu sein, was ich gefühlsmäßig alle diese Wochen hindurch gesucht habe.
Du hast mein Experiment mitverfolgt, und dir viele Bekenntnisse täglichen Scheiterns angehört, als ich versuchte, Gott in der zweiten Person im Kopf zu behalten. Heute aber erlebte ich kein Scheitern. Der Gedanke an Gott ist gelegentlich versunken, aber nicht lange. Aber dieser Tag war anders als alle anderen Tage meines Lebens, denn ich habe nicht in dem Sinn zu beten versucht, dass ich mit Gott geredet hätte, sondern ich habe Gott das Reden meiner Zunge überlassen oder, wenn meine Zunge schwieg, in meinem inneren Leben. Das war so einfach, wie man eine Schwingtür öffnet und schließt. Und es gelang ohne die übliche Anstrengung, sodass der ganze Tag wunderschön damit verlief, dass Gott mir wunderbare Dinge sagte.[4]

[4] F. Laubach, s.o., S. 34-35.

Die Kultivierung der Sprache

Dieser Beitrag von dem Missionar Frank Laubach zeigt, wie durch den Geist auch unser natürliches Reden verändert wird. Die Erweiterung unsere Sprache durch die Sprachenrede hat eine positive Rückwirkung auf unsere Art, auch in unserer gewohnten Sprache zu reden. Sprechen wir in Zungen, werden wir auch bald „auslegen", das heißt, die unbekannten Worte werden uns auf einmal bekannt. Plötzlich ist eine Art „Übersetzung" da und wir hören uns selbst in unsere eigenen Sprache „wunderbare Dinge" sagen, wie es oben Laubach bezeugt. Vielleicht wechseln wir im Gebet ständig zwischen den bekannten und unbekannten Sprachen hin und her.

In 1. Korinther 14,13 legt Paulus denen, die in Sprachen reden nah, um die Auslegung zu bitten. Ich glaube, dieses „Auslegen" bzw. „Übersetzen" geschieht viel häufiger, als wir meinen. Nur dass wir das eine mit dem anderen nicht immer in Zusammenhang bringen.

Die Heiligen erleben eine umfassende „Reform" ihres Redens, denn Worte spielen eine überaus große Rolle in unserem persönlichen Leben in Bezug auf einfach alles, vor allem in Beziehungen, aber auch betreffs unserer heiligen Aufgabe, ein Segen in der Welt zu sein. Segen und Fluch liegen auf unserer Zunge. Darum achten die Heiligen ganz genau auf ihre Worte und vermeiden jedes unbewusste „Plappern" und negatives Gerede. Selbstbeherrschung, was unsere Zunge betrifft, ist die erste Voraussetzung zu einem geistlichen Dienst.

> *Lasst ja kein giftiges Wort über eure Lippen kommen! Seht lieber zu, dass ihr für die anderen, wo es nötig ist, ein gutes Wort habt, das weiterhilft und denen wohltut, die es hören. Beleidigt nicht durch euer Verhalten den Heiligen Geist!* (Eph 4,29-30a GNB).

Jeder von uns hat erlebt, wie giftig und bitter Worte sein können! Der Teufel versucht die Menschen dahingehend, dass sie verletzende und erniedrigende Worte übereinander aussprechen, was die Definition von „fluchen" ist. Der Heilige Geist jedoch inspiriert uns immer zu segnenden, heilsamen Worten, die wie Medizin wirken.

Emotionen

Dass heilige Wesen auch heilige Worte benutzen, sollte klar sein. Dass wir Gott nicht verstehen können, weil wir seine Sprache nicht sprechen, ist logisch. „Kann er denn nicht deutsch sprechen?", fragen wir uns. Ja, er kann, es gibt jedoch vieles, wofür es einfach keine irdischen Begriffe gibt. Auch sind die Sprachen in der Welt gekennzeichnet von dem Fluch Babels, wo Gott die Sprachen verwirrte, sodass keiner mehr seinen Nächsten verstand (vgl. 1 Mose 11,1-9). Das Problem besteht bis heute fort. Ein Heer von Therapeuten versucht Menschen dabei zu helfen, einander zu verstehen. Sie benutzen zwar dieselben Worte, füllen sie aber mit verschiedenen Inhalten und Absichten. Jede Familie hat ihre eigene Kommunikation und prägt diese ihren Kindern ein und auf. Wie häufig stellen Menschen voller Ernüchterung fest: „Niemand versteht mich!"

Es gibt eine heilige Kommunikation, die nicht der Verwirrung der weltlichen Verständigung unterliegt, sondern eine Einheit bewirkt, die höchst erstaunlich ist, weil im Sprachengebet ja *unbekannte Worte* geäußert werden. Wenn wir jedoch den Sprachen Raum und Zeit geben, sich „auszusprechen", erleben wir, dass eine menschlich nicht machbare und undenkbare *Einheit im Geist* entsteht. Es ist eine tiefergehende Einheit der Herzen, aus denen die Worte ja auch hervorkommen. Eine Gemeinde, die in Sprachen singt, klingt wie der Himmel auf Erden. Durch die Zungen kommen der Frieden und die Barmherzigkeit Gottes, die Attribute der neuen Schöpfung also, mächtig hervor wie die Wellen einer heiligen Flut.

Zunächst mögen uns die geistgewirkten Worte erscheinen, als seien SIE chaotisch und UNSERE menschlichen Worte verständlich und vernünftig. In Wahrheit verhält es sich umgekehrt. Zusätzlich besteht eine weitere Irritation darin, dass wir in unserem *Gefühlsausdruck* verarmt sind. Schweigend und unemotional sitzen die Besucher im Gottesdienst. Kommt jedoch der Geist zum Zug, brechen mächtige Emotionen aus. Der Geist redet nicht „sachlich" über das Leben, über die Herrlichkeit Gottes und die Verlorenheit der Menschen. Er verknüpft die heiligen Worte mit den entsprechenden Gefühlen. Da wir sowohl uns selbst als auch Gott entfremdet sind, haben wir von den angemessenen Gefühlsladungen der Worte keine Ahnung. Mit der Sprachenrede aber kommen die Gefühle mit ins Spiel und können geradezu überwältigend sein.

Wir erleben, dass wir gefühlsmäßig durch die Sünde extrem traumatisiert worden sind. Da muss vieles geheilt und befreit werden. Der Geist weiß, wie das geht und hat die Macht, Wiederherstellung zu bewirken. Solche Prozesse der Wiederbelebung, die mit der Neukonfiguration der ganzen Palette menschlicher Emotionen einhergehen, passen überhaupt nicht in das gewohnte Setting traditioneller Gottesdienste und sprengen den Rahmen, wenn sie auftreten. Da sie sich der vorgegebenen Ordnung und Kontrolle entziehen, lehnen manche Gemeinden solche Äußerungen ab und versteigen sich je nachdem sogar dazu, sie generell als dämonisch zu brandmarken. Sie meinen, wenn etwas von Gott sei, dann müsse es auch „ordentlich und vernünftig" zugehen – deutsch.

Intensität

Von Jesu Gebet lesen wir Folgendes, was uns wirklich sehr „undeutsch" vorkommt und in unserer heutigen kirchlichen Gottesdienst-Kultur undenkbar ist:

> *Jesus hat in den Tagen seines Fleisches sowohl Bitten als Flehen mit starkem Geschrei und Tränen dem dargebracht, der ihn aus dem Tod erretten kann, und ist um seiner Gottesfurcht willen erhört worden* (Hebr 5,7).

Nun, wenn die christlichen Denominationen in ihre Gemeindeordnungen schreiben, dass sie sich an Jesus als der maßgeblichen Größe orientieren, dann kann man sich fragen, wie sie die chronische Abweichung vom Original rechtfertigen? Ja, Gott versteht uns auch, wenn wir nicht schreien, jedoch gibt es vieles, *was zum Schreien ist.* Und der Geist weckt in uns einen Schrei nach Gerechtigkeit, der so laut ist, dass die Erde bebt!

In Lukas 18 erzählt Jesus das Gleichnis von der Witwe, die dort dem ungerechten Richter so lange auf die Nerven geht, bis er sich dermaßen belästigt fühlt, dass er ihr Recht schafft, um sie loszuwerden.

> *Jesus aber sprach: Hört, was der ungerechte Richter sagt. Gott aber, sollte er das Recht seiner Auserwählten nicht ausführen,* ***die Tag und Nacht zu ihm schreien,*** *und sollte er es bei ihnen lange hinziehen? Ich sage euch, dass er ihr Recht ohne Verzug ausführen wird* (Lk 18,6-8).

Was, wenn Jesus meint, was er sagt? Könnte es sein, dass unendlich viel Unrecht bestehen bleibt, weil niemand „Tag und Nacht" nach der Gerechtigkeit „schreit", bis sie eintritt?

Jeder, der im Geist lebt, stellt fest, dass es intensiv ist. Heiligkeit ist nicht lau und nicht gleichgültig, still und passiv, sondern das genaue Gegenteil davon. Sie bringt alles in Bewegung.

Intensität braucht Energie. Jesus sagt, wir werden Kraft empfangen, wenn der Geist auf uns gekommen sein wird. In dieser Kraft werden wir seine Zeugen sein bis an die Enden der Erde (vgl. Apg 1,8). Wieviel Kraft braucht es wohl, um eine Wirkung auf die ganze Welt (global) zu erzielen? Denken wir darüber nach! *Meint Jesus tatsächlich, was er sagt*? Die Heiligen glauben, dass es so ist. Die anderen ignorieren es, weil es für sie undenkbar ist. Sie halten sich für Christen, weil sie in eine Kirche gehen, ohne je ernsthaft die Erfüllung der Worte Jesu in Betracht zu ziehen. Was für ein Glaube aber soll das sein? Wenn es im Missionsbefehl aus dem Munde von Jesus heißt:

> *Diese Zeichen aber werden* ***denen*** *folgen,* ***die glauben.*** *In meinem Namen werden sie Dämonen austreiben;* ***sie werden in neuen Sprachen reden*** *...* (Mk 16,17).

... dann ist die Sache für die Heiligen klar.

John Sherill sammelte in seinem oben erwähnten Buch „Sie sprechen in anderen Zungen“ viele Zeugnisse von Menschen, die in Zungen sprechen. Ein alter Prediger der Episkopalkirche mit Namen William T. Sherwood berichtete ihm:

> Als ich anfing, in Zungen zu beten, fühlte ich mich 20 Jahre jünger und die Leute sagten mir, ich sähe auch so aus. Mein bewusstes Ich weiß nicht, was ich sage, aber mein unbewusstes und unterbewusstes weiß es zweifellos, denn es geschieht genau das, was Paulus sagte: „... wer in Zungen betet, erbaut sich selbst".[5] Ich werde auferbaut, ich bekomme Freude, Mut, Frieden, das Gefühl für Gottes Gegenwart. Und ich bin nun einmal eine schwache Persönlichkeit, die das nötig hat.[6]

Diese Worte des Predigers Sherwood kann ich nur bestätigen. Genauso erlebe ich es auch und kann mir ein Leben und einen christlichen Dienst ohne diese Kraftquelle gar nicht mehr vorstellen. Da ich seit Jahrzehnten im Dienst stehe und genau den Unterschied kenne zwischen dem Christsein und Dienen in eigener Kraft und der des Heiligen Geistes, kann ich nur jedem dazu raten, darüber zu beten und dem Strom heiliger Kraft, Liebe und Besonnenheit im Heiligen Geist (vgl. 2 Tim 1,7) Raum zu geben. Ein heiliges Leben braucht heilige Kraft! Diese wird gelenkt durch Worte.

---

[5] 1. Korinther 14,4.

[6] „Sie sprechen in anderen Zungen“, John L. Sherrill, Karl Fix Verlag, Schorndorf 1967, S. 108.

Die erbaute Gemeinde

Wikipedia weist auf die zwei unterschiedlichen Formen der Sprachenrede hin[7]:

> Erstens die *Zungenrede als persönliche Gebetssprache ohne Auslegung*, die nur dem persönlichen Gebet oder der Anbetung Gottes dient und den Beter erbaut. Daneben wird sie häufig in der Fürbitte eingesetzt. Sie soll dem Beter ermöglichen, für ihn (weitgehend) unbekannte Anliegen bzw. Personen zu beten, und auch verhindern, dass die Subjektivität des Beters das Gebet beeinflusst. Diese persönliche Gebetssprache steht jedem, der bereits in Zungen gebetet hat, jederzeit zur Verfügung. Unter diesen Punkt fällt auch das oft in pfingstlich-charismatischen Gottesdiensten praktizierte Singen im Geist, bei dem alle Teilnehmer gemeinsam in Zungen zu Gottes Lob singen.
> Daneben gibt es die *Geistesgabe der Zungenrede mit Auslegung*. Diese dient dazu, eine Botschaft von Gott weiterzugeben, und muss dazu ausgelegt werden. Eine solche Botschaft in Zungen mit Auslegung ist der Prophetie gleichgestellt.

Auch weist Wikipedia auf folgenden Umstand hin, der für die Heiligen eine sehr traurige Situation darstellt:

> In den großen Kirchen wird die Zungenrede – von Randerscheinungen abgesehen – nicht praktiziert. Sie wird im neutestamentlichen Sinne zwar als eine der besonderen Geistesgaben anerkannt, ihr wird aber keine herausgehobene Bedeutung beigemessen. Kritisiert wird insbesondere die teilweise Überbewertung der Zungenrede durch pfingstliche Gemeinschaften.

Die genannte „Überbetonung“ hatte ihre Ursache wesentlich in der Unterdrückung der gesamten Geistesgaben in den großen Kirchen, nicht nur der Zungenrede. Die Pfingstbewegung ist

[7] Wikipedia, Stichwort „Zungenrede“, 9.1.23.

auch nicht so einseitig auf die Zungenrede fixiert, wie ihr das oft vorgeworfen wird, sondern möchte eine Rückkehr oder Erneuerung von Pfingsten in seiner Gesamtheit und fundamentalen Bedeutung für die wahre Gemeinde. In Apostelgeschichte 2 lesen wir von dem *Sturm*, der in das Haus fuhr, in dem die Gemeinde *im Gebet* versammelt war. Dann fiel das *Feuer* des Heiligen Geistes auf sie alle, und in der Folge sprachen sie in *anderen Zungen*, wie der Geist ihnen die Worte eingab. Danach verkündet Petrus in seiner berühmten Pfingstpredigt eine *Ausgießung des Geistes* Gottes auf alles Fleisch. Das würde in der Folge dazu führen, dass Menschen – ob Niedrige oder Hohe – *Visionen* und *Gesichte,* geistgewirkte *Träume* und *Offenbarungen* haben. Und sie würden *weissagen* (Prophetie).

Jeder dieser kursiv geschriebenen Begriffe war der vor hundert Jahren entstehenden Pfingstbewegung wichtig. Das ganze *geistgewirkte Leben* wurde neu entdeckt und gelehrt. Das Thema der Krankenheilung durch Handauflegung und das Austreiben von Dämonen kamen ebenfalls auf den Tisch. Dass bei alledem Fehler gemacht wurden, steht außer Frage, wie könnte es auch anders sein?

Die von den „großen Kirchen" – die heute gar nicht mehr so groß sind, während die Pfingstbewegung die am schnellsten wachsende christliche Bewegung der Welt ist –, völlig unterschätze Wirkung der *Erbauung* durch das Beten und Singen in Sprachen bzw. Zungen beschert ihr den gewaltigen Mangel an Kraft, Freude, Begeisterung, Elan, Vitalität usw., den so viele ihrer Mitglieder beklagen. Sie erleben Kirche als *langweilig*.

> *Wer in einer Sprache redet, erbaut sich selbst* (1 Kor 14,4).

> *Ihr aber, Geliebte, erbaut euch auf eurem heiligsten Glauben, betet (betend) im Heiligen Geist* (Judas 20).

Die Versammlung bzw. der Gottesdienst einer Gemeinde, in dem die Mitglieder sich selbst bereits in ihrem heiligsten Glauben *selbst erbaut haben* und die Versammlung bzw. der Gottesdienst einer Gemeinde, wo das nicht der Fall ist, sind so verschieden wie Tag und Nacht. In der nicht erbauten Gemeinde muss der Pastor alle Kraft aufwenden, um die Leute wenigstens etwas aufzumuntern, an ihren Glauben zu appellieren und sie bei der Stange zu halten. In einer Gruppe, in der die Gläubigen es verstehen, sich selbst zu ermutigen und in Gott zu stärken, sieht das ganz anders aus. Dort kann sich der Pastor auf andere Inhalte konzentrieren und seine motivierte Gemeinde auf geistliche Höhen führen, wovon die nicht erbaute Gemeinde nur träumen kann. Wikipedia beschreibt es schön in ihrem Beitrag über die „Pfingstbewegung“:

> Gottesdienste in Pfingstgemeinden sind oft lebhaft. Es wird viel und begeistert gesungen, teilweise bewegt man sich zur Musik. Die Musik spielt eine große Rolle, moderne Instrumente wie Keyboard oder Schlagzeug werden der Pfeifenorgel vorgezogen, auch die Lieder (siehe „Neues Geistliches Lied") sind im Allgemeinen modern, rhythmisch und kommen oft aus dem englischen Sprachraum. Eine Gottesdienstdauer von mindestens einer Stunde ist die Regel.
> Ein wichtiger Teil des Gottesdienstes wird als Lobpreis und Anbetung bezeichnet: Singen von Anbetungsliedern im Wechsel mit frei formulierten Gebeten. Als Gebetshaltung oder Anbetungshaltung werden teilweise Arme und Hände erhoben. Glossolalie (Zungenrede) und prophetische Rede kennzeichnen ebenfalls die Gottesdienste vieler Pfingstkirchen. Eine gewisse Voraussehbarkeit und Vertrautheit des Gottesdienst-Ablaufs in den Grundzügen wird in der pfingstlichen Tradition durchaus befürwortet, eine formale Liturgie wird jedoch größtenteils abgelehnt. Sie könnte – so überzeugte Pfingstler – das Wirken des Heiligen Geistes blockieren.[8]

[8] Wikipedia, Stichwort „Pfingstbewegung“, 9.1.23.

Kapitel 7

Die Kraft der Heiligkeit

Denn Gott hat uns nicht gegeben einen Geist der Furchtsamkeit, ***sondern der Kraft****, der Liebe und der Besonnenheit.*

1. Timotheus 1,7

Ganz im Gegenteil zu den religiösen Darstellungen, ist Heiligkeit ein Machtfaktor. Denn mit ihr kommt Gott ins Spiel, ebenso wie der Himmel, die Engel, die Herrlichkeit, die Ewigkeit, die neue Schöpfung, die neuen Sprachen, die Kraft des Heiligen Geistes (= die Salbung), mächtiger Frieden und Barmherzigkeit ... und noch vieles mehr.

Eigentlich sollte die Erde durch ihre Verbundenheit mit Gott und dem Himmel selbst göttlich und himmlisch sein, heilig und herrlich. Stellen wir uns einmal vor, wir wären erfüllt von diesem Geist der Kraft, der Liebe und der Besonnenheit – ob wir auf der Arbeit oder zu Hause sind, ob wir den Kollegen oder der Familie begegnen. Was wäre das für ein Alltag, was für eine Art von Leben?

Die Übertragung der Macht

Wir sehen die heiligen Kräfte am Werk in der Schöpfung. Das Chaos wurde in ein Paradies verwandelt, die Finsternis mit den berühmten ersten Worten Gottes adressiert: „Es werde Licht!“ Innerhalb von wenigen Tagen wurde aus einem „Tohuwabohu“ ein Garten Eden geschaffen. Die verwandelnde und kreative Macht der Heiligkeit war also gewaltig. Dabei „funktionierte“ sie ganz simpel durch Worte. Gott spricht die Dinge in Existenz. Er kauft sie nicht, er beutet niemanden dafür aus und – jetzt wird es spannend – *überträgt diese Macht* auf seine Heiligen.

> *So wird mein Wort sein, dass aus meinem Munde hervorgeht. Es wird nicht leer zu mir zurückkehren, sondern es wird bewirken, was mir gefällt, und ausführen, wozu ich es gesandt habe* (Jes 55,11).

> *Mein Geist, der auf dir ruht, und meine Worte, die ich in deinen Mund gelegt habe, werden nicht aus deinem Mund weichen …* (Jes 59,21).

An diesen wenigen Versen sehen wir, wie Gott seine Macht zur Anwendung bringt und wie er sie auf die Gläubigen überträgt. Er legt seinen Geist auf sie bzw. in sie hinein. Durch den Heiligen Geist sind Gottes mächtige Worte in ihrem Herzen, wo heraus sie der Mund ausspricht. Diese Worte haben die Kraft, alles zu bewirken, was sie sagen. Was für eine große Aufgabe ist es für die Heiligen, mit diesen Worten recht umzugehen! Davon sprachen wir ja schon im letzten Kapitel.

In allen Evangelien sehen wir im Dienst von Jesus, dass er mit Worten arbeitete. Er sagte, was passieren sollte, und es geschah. Ob die Heilung von Kranken oder die Stillung eines Sturmes, *Jesus hatte das Sagen*.

Dies ist ein großes Thema, und erneut will ich darauf hinweisen, dass ich mich in anderen Büchern[1] bereits ausführlich damit beschäftigt habe. Darum weise ich hier im Zusammenhang mit dem heiligen Lebensstil nur kurz darauf hin. Die

---

[1] Zum Beispiel im Buch (mit zugehörigem Kurs und Videoserie) „Geheimnisse der Kraft“, GloryWorld-Medien 2021.

Entdeckung der Macht von *Absicht und Worten* gleicht einer Revolution, weil wir dadurch eine andere Quelle anzapfen können als die rein materiellen, technischen und monetären Möglichkeiten, die uns in der Welt zur Verfügung stehen.

Geld oder Leben ...

Was ist zum Beispiel, wenn es stimmt, dass uns dann, wenn wir *„zuerst nach dem Reich Gottes und seiner Gerechtigkeit trachten“*, uns *„alles andere hinzugefügt wird“* (Jesus in Matthäus 6,33)? Heißt das denn, dass wir nicht mehr dafür arbeiten gehen müssen? Nun, wer immer sich auf das Reich Gottes einlässt, der wird erfahren, dass er davon ganz eingenommen wird. Er ist immer, rund um die Uhr, in die göttlichen Absichten und Worte involviert. Er erlebt, dass Gott auch auf seiner Arbeitsstelle präsent ist und dort ganz andere Pläne verfolgt, als nur Geld zu verdienen. Irgendwann, vielleicht unmerklich, verschiebt sich auch unser Fokus weg vom Geld hin zum Reich Gottes. Es wird zur Hauptsache, während das Geld die Nebensache wird.

Die Gegenwart Gottes in unserem Leben hebt unser Niveau an Kraft und Produktivität gewaltig an. Zumeist geht das weit über das hinaus, was wir uns zuvor haben vorstellen können. Rainer Harter erklärt diese Steigerung der Vitalität mit folgendem Bild:

> Um zu verdeutlichen, was ich meine, verwende ich das Bild eines trockenen Schwammes, der unsere Psyche oder Seele darstellen soll. Mit meiner Willenskraft kann ich mir noch so sehr wünschen, vorstellen oder herbeisehnen, dass der Schwamm sich mit Wasser vollsaugt – er wird trocken bleiben. Erst dann, wenn er zum Wasser gebracht und unter den Strahl gehalten wird, wird er das Wasser aufnehmen und dabei nicht nur äußerlich, sondern bis in sein verborgenes Inneres getränkt werden. Unsere Aufgabe ist es, unsere Seele (den Schwamm) in Gottes Gegenwart zu bringen und unter den Strahl seines

Wassers (seine Gegenwart) zu halten. Je mehr sich unsere Seele mit Gott „vollsaugt", desto mehr verändert sich unsere Persönlichkeit in das Wesen Jesu.

Denken wir an die wunderbare Aussage aus 2. Korinther 3,18: „Wir alle aber schauen mit aufgedecktem Angesicht die Herrlichkeit des Herrn an, und werden so verwandelt in dasselbe Bild von Herrlichkeit zu Herrlichkeit, wie es vom Herrn, dem Geist, geschieht." Hier wird ganz praktisch beschrieben, wie wir den „Schwamm" zum „Wasser" bringen. Alles, was wir tun müssen, ist uns (unsere Seele) zu Gott zu bringen, um ihn anzuschauen. In den Augenblicken dieser vertrauensvollen Nähe prägt sein Wesen das unsere und sein Geist erfüllt unser Innerstes.[2]

In Hebräer 11 werden uns reihenweise Gläubige aus dem Alten Testament vorgeführt, die in der Kraft Gottes unfassbare Machttaten vollbrachten, wie eine Arche Noah in den Bergen zu bauen, die Mauern von Jericho zum Einsturz zu bringen oder gewaltig überlegene Heere zurückzudrängen. Sie taten diese Dinge nicht in menschlicher, sondern in göttlicher Macht. In Hebräer 12 werden dann WIR Gläubige unter dem Neuen Bund in Christus dazu aufgefordert, mit demselben Glauben wie jene dieselben Taten zu vollbringen.

Selbst Jesus sagt, wir würden dieselben Taten tun wie er – und größere. Das klingt ja geradezu fantastisch! Aber was, wenn er es genauso meint, wie er es sagt? Der Missionsbefehl zeigt die Übertragung der Macht Christi auf seine Jünger, die nun diese Kraft in der gleichen Art und Weise wie ihr Meister in aller Welt zur Anwendung bringen sollen. Und tatsächlich gibt es seitdem endlos viele Berichte aus allen Zeiten und allen Teilen der Welt, wie es so geschehen ist. Siehe etwa das Buch über „die glücklichsten Menschen auf Erden" von Demos Shakarian.

---

[2] R. Harter, „Majestät – Eintauchen in die faszinierende Heiligkeit Gottes", Verlag SCM R. Brockhaus, Holzgerlingen 2017, S. 165.

Heilige Macht – mächtige Heiligkeit

Die Heiligen erproben bis heute die Aussagen Jesu über die geistliche Macht, die er auf seine Jünger überträgt (diese heilige Macht wird in der Bibel auch „die Salbung" genannt[3]), damit auch sie das Heil praktisch anwenden können. Sie machen die außergewöhnlichsten und übernatürlichsten Erfahrungen. Mit der Zeit lernen sie, sehr genau auf ihre Absichten und Worte zu achten, weil sie deren Macht in negativer und positiver Auswirkung erlebt haben. Auf dem heiligen Weg erreichen sie mit immer weniger Worten immer mehr.

Das Thema „Macht" ist sehr umkämpft. Gewöhnt an immerwährenden Macht-*Missbrauch* wollen viele Christen nichts damit zu tun haben. Sie sind handzahm und lammfromm. Dieses wehrlose, konfliktscheue und ohnmächtige Verhalten wurde irgendwie zu einem Innbegriff von Frömmigkeit, entspricht aber keineswegs dem wahren Bild Jesu, der auch schon mal eine Peitsche mit in den Gottesdienst brachte.

Seine legendären „Wehrufe" gegen die Pharisäer und Schriftgelehrten[4] sind unfassbar scharf und passen so gar nicht zum Bild des sanftmütigen und mildtätigen Christus. Er, der „Friedefürst", legte sich bis aufs Blut mit den Vertretern und Marionetten des Systems an und begegnete ihnen ohne jede Furcht – und ohne den Respekt, den sie für sich einforderten, als wären sie hochwichtige Persönlichkeiten. Er überführte sie permanent und penetrant von der einen Eigenschaft, die sie unfähig zur Heiligkeit machte: Heuchelei. Niemals würde der Himmel ihnen seine Macht anvertrauen. Darum maßen sie sich die Macht über das Volk eben einfach selbst an! Ihr ganzes religiöses Imperium stand auf dem Boden von Eigenheit und Macht-Missbrauch. So ist es meiner Meinung nach auch heute noch.

---

[3] Auch dazu meine Empfehlung eines in viele Sprachen übersetzten Klassikers: „Die Salbung" von Kenneth Hagin, Durchbruch-Verlag 1989.

[4] Lukas 11,37-54; Matthäus 23,4-7.23-36.

Jesus jedoch war das Gegenbeispiel dazu. Der Himmel verlieh seine heilige Macht (die Salbung) an den selbstlosen Christus, der sie nicht zu eigenen Zwecken gebrauchte, sondern tatsächlich zum Wohle der Leute und zur Ehre Gottes. Unmengen an Segnungen aller Art konnten durch ihn fließen, weil er dem weder Widerstand leistete noch etwas für sich selbst abzwackte. Das hatte er auch gar nicht nötig.

Heiligkeit ist gekennzeichnet von einem freien, ungehinderten Fluss von segnender Macht.[5] Weder wird er kontrolliert noch vereinnahmt. Heiligkeit ist frei und sie macht frei, wenn es sich um die echte Variante handelt und nicht um die geheuchelte. Heilige sind also freie, mächtige und selbstlose Menschen, durch die Segen in ihre Welt fließt. Ich finde das äußert attraktiv! Warum sollte man nicht so sein wollen? Es kennzeichnet die Würde des Menschen, in konstruktiver, kreativer und segnender Art und Weise mächtig zu sein. Es ist ein gutes Gefühl, aus der Fülle schöpfen und geben zu können.

Folgende Verse aus Psalm 112 fassen mit wenigen Worten die genannten Aspekte des heiligen Lebensstils zusammen und zeigen ihre Wirkung auf die Kinder der Gerechten, also die nachfolgende Generation:

> *Halleluja – Preist den Herrn!* ***Wie glücklich*** *ist ein Mensch, der den Herrn achtet und ehrt und große Freude hat an Gottes Gebot!* ***Seine Nachkommen werden mächtig im Land;*** *denn wer aufrichtig dem Herrn folgt, dessen Kinder* ***segnet er. Wohlstand und Reichtum sind in seinem Haus,*** *seine Gerechtigkeit hat für immer Bestand* (Ps 112,1-3 GNB).

Glückliche Eltern, die selbst im Strom des Segens leben, der für „Wohlstand und Reichtum in ihrem Haus" sorgt, haben entsprechend glückliche Kinder. Sie spiegeln den Zustand der Eltern wider. Die Kinder der Gesegneten werden „mächtig sein

[5] Dieser Segensstrom wird sehr plastisch und detailliert in Hesekiel 47,1-12 dargestellt.

im Land", heißt es in Psalm 112. Dann haben sie wohl auch ihre Eltern nicht als ohnmächtig erlebt!

Die Heiligen trainieren es, mächtig zu sein, indem sie die Macht Gottes in ihr Leben aufnehmen und durch es fließen lassen. Das ist ein tägliches Training in Heiligkeit.

Sei glücklich!

Ist Gott, vor dem wir stehen, mächtig, dann werden auch wir es, um ihm zu entsprechen. Und dann werden es ebenfalls unsere Kinder, um uns zu entsprechen. Denn wir wollen sein wie er, und unsere Kinder wollen sein wie wir. Dann jedenfalls, wenn wir „glücklich" sind. Das ist unwiderstehlich! Wir geben also einer neuen Generation weiter, wie es geht, glücklich, mächtig und gesegnet zu sein. Das ist ein großartiges und kostbares Erbe! Das ist ja genau, was wir in der Schule *nicht* beigebracht bekommen. Sie weiß davon gar nichts. Darum bereitet sie uns darauf vor, wie wir perfekte Heuchler sein können, um uns „gut zu verkaufen" und Karriere zu machen, damit wir viel Geld verdienen, um uns dadurch irgendwann das leisten zu können, was Gott uns einfach so gibt.

> *Was könnt ihr denn ohne Gott erreichen? In aller Frühe steht ihr auf und arbeitet bis tief in die Nacht; mit viel Mühe bringt ihr zusammen, was ihr zum Leben braucht. Das gibt Gott den Seinen im Schlaf!* (Ps 127,2 GNB).

Was für ein Leben wird denen, die sich auf Gott statt auf Geld stützen, in diesem Wort aus Psalm 127 und dem weiter oben in Psalm 112 verheißen!? Diese Bibelverse stehen da seit Hunderten von Jahren. *Wer glaubt sie?* Die Heiligen glauben an die Macht der Worte Gottes, sich zu erfüllen. Also eignen sie sie sich an und bauen ihre Leben darauf. Das ist selbstredend viel mehr, als sonntags in den Gottesdienst zu gehen.

Heute ist die Welt voller Ratgeber, wie Glück, Macht und Wohlstand gehen. Glücks-Coaches und Wohlstands-Trainer werden wie Gurus verehrt, die den geheimnisvollen Schlüssel zum „guten Leben“ gefunden haben. Ihre Bücher erzielen hohe Auflagen. Das zeigt, wie sehr die Seelen der Menschen spüren, dass sie für eine andere Qualität von Leben geschaffen sind, als was ihnen in der Welt vermittelt wird. Nachdem sie einen guten Teil ihres Lebens in Schulen, Ausbildungen und Universitäten verbracht haben, wissen sie *nicht*, wer sie sind und wie sie aus dem Herzen heraus leben und in Zusammenarbeit mit Gott das Paradies erschaffen können. Obwohl sie vielleicht einen Titel erworben und einen gut bezahlten „Job“ gefunden haben, leben sie dennoch gefühlt permanent unter ihrem Niveau, verbiegen sich für den Erfolg im Beruf und verraten sich in ihren Partnerschaften. Stress lass nach!

Im Vorwort seines berühmten Buches „Willst du normal sein oder glücklich?“ schreibt Robert Betz:

> Dieses Buch schreibe ich für all die Menschen, die eine Sehnsucht in sich verspüren nach einer anderen Qualität von Leben hier in ihrem Körper, nach einem Leben in Freude, Frieden, Freiheit und Fülle, kurzum, nach einem glücklichen Leben. Manche halten diesen Anspruch für zu hoch gegriffen. Das ist verständlich, wenn man sieht, wie viel Leid eine große Zahl von Menschen erfahren musste oder immer noch erträgt und sich daran gewöhnt hat. Ich bin jedoch vollkommen davon überzeugt, dass Freude zum natürlichen Erbe der Menschen gehört …
>
> Wir befinden uns inmitten eines großen Umbruchs in dieser Welt, einer Zeitenwende, in der wir Menschen uns wieder der Kräfte bewusst werden die in uns schlummern, die wir bisher nur zu einem winzigen Bruchteil genutzt haben, weil wir sie vergessen hatten und für „normal" hielten, was wir in unserem eigenen Leben wie in dem unserer Mitmenschen vorfanden. Was heute jedoch als „normal" gilt, wird morgen als äußerst verrückt angesehen werden. Ich lade dich ein, das Leben eines „Normalmenschen" jetzt hinter dir zu lassen und

dich aufzumachen zum Leben eines bewussten, erwachten und glücklichen Menschen.[6]

In der Fußnote sehen wir, dass die Ausgabe des Buches von Betz, aus dem ich zitiere, bereits der 30. Auflage entstammt. Das zeigt, dass das Pendel auf der großen Weltenuhr tatsächlich auf die andere Seite schwingt und eine Zeitenwende, eine „heilige Revolution", im Gange ist. Lesen wir die oben besprochenen Psalmworte, finden wir Gott als DEN ewigen Lebenscoach, der Menschen zu allen Zeiten erweckt, ermächtigt und sendet, „unnormal" zu leben und ein „Wunder-volles" Leben in seinem Licht und seiner Kraft zu führen.

Viele Ratgeber werfen ihre Leser auf sich selbst zurück. Sie sagen: „Du hast das Potential in dir selbst, du musst es nur herausholen und dann dazu stehen und dich losreißen von allen lebensfeindlichen Glaubensmustern. Dann musst du durch gute Affirmationen für eine positive Atmosphäre sorgen, selbstbewusst deine Kreativität entfalten und den Weg des Herzens gehen usw."

Der Haken an der Realisierung der vielen Erfolgs-Prinzipien und Glücks-Rezepte ist die Frage danach, wer es mit einem durchzieht und woher die tägliche Kraft kommt, im Prozess der Veränderung zu bleiben, den ich den „heiligen Weg" nenne. Viele „Glücksritter" übernehmen sich und brennen im Programm der Selbst-Optimierung aus.

Die gute Nachricht ist, dass Gott uns seinen Heiligen Geist sendet, der über unbegrenzte Weisheit, Liebe und Kraft verfügt, der als unser himmlischer Therapeut mit unendlicher Geduld mit uns den Weg von der einen auf die andere Seite geht. Er wird auch „der Tröster" und „der Beistand" genannt. Er geht mit uns in die Tiefe, um unsere Wurzeln zu klären, und in die Höhe, um unsere Krone zu entfalten und ein fruchtbares Leben zu führen. Dabei nimmt er für seine Dienste kein Geld und hat immer Sprechzeit. Er zieht bei uns ein und geht nicht

[6] R. Betz, Heyne-Verlag München 2014, 30. Auflage, S. 11.

wieder fort. Er bleibt, damit auch wir zu Quellen bleibender Kraft, Liebe und Weisheit werden, die nicht vergehen. Seine Präsenz kann uns tatsächlich zu furchtlosen Menschen machen, die weit über sich selbst hinauswachsen bis in den Himmel.

> ***Wie glücklich ist ein Mensch****, der sich nicht verführen lässt von denen, die Gottes Gebote missachten, der nicht dem Beispiel gewissenloser Sünder folgt und nicht zusammensitzt mit Leuten,* ***denen nichts heilig ist****.*
> ***Wie glücklich ist ein Mensch****, der Freude findet an den Weisungen des Herrn, der Tag und Nacht in seinem Gesetz liest und darüber nachdenkt.*
> *Er gleicht einem Baum, der am Wasser steht; Jahr für Jahr trägt er Frucht, sein Laub bleibt grün und frisch.* ***Was immer ein solcher Mensch unternimmt, es gelingt ihm gut*** (Ps 1,1-3 GNB).

Heiligkeit bedeutet nicht, einem glücklichen, produktiven und erfolgreichen Leben zu entsagen, sondern umgekehrt ist sie der Schlüssel dazu.

Den Satz kann man sich an den Kühlschrank heften! Jedoch geht es dabei um ein gelingendes Leben auf göttliche und nicht auf menschliche Weise im Sinne eines von Gott abgekoppelten, auf Mammon gebauten Ego-Sünden-Scheinglücks.

Gottes Wort ist schöpferisch, es erschafft das, was es sagt. Es muss niemanden für seine Zwecke instrumentalisieren oder Gebühren verlangen. Es spricht Visionen in Existenz, die der Heilige Geist in uns legt. Es beendet Sklaverei und Erniedrigung. Es initiiert Freiheit in Würde. Wenn wir am Ende sind, ist es Gott noch lange nicht. Unmöglichkeiten sind seine Spezialität! Er beendet die tiefe Nacht und lässt die Sonne eines neuen Morgens aufgehen.

> *Ihr alle, die ihr zum Herrn gehört, preist ihn mit euren Liedern, dankt ihm und* ***denkt daran, dass er heilig ist!*** *Nur*

> *einen Augenblick trifft uns sein Zorn, doch lebenslang* ***umgibt uns seine Güte****. Am Abend mögen Tränen fließen –* ***am Morgen jubeln wir vor Freude*** (Ps 30,5-6 GNB).

Viele Menschen wissen gar nichts mehr von Liedern, Jubel und Freude. Das Leben ist gleichförmig langweilig, stressig und überfordert. Die Freude wird erstickt und ersetzt durch „Unterhaltung", um den tristen Alltag auszuhalten.

Wikipedia sagt unter dem Stichwort „Depression":

> Typische Symptome einer Depression sind gedrückte Stimmung, häufiges Grübeln, das Gefühl der Hoffnungslosigkeit und ein verminderter Antrieb. Häufig gehen Freude und Lustempfinden, Selbstwertgefühl, Leistungsfähigkeit, Einfühlungsvermögen und das Interesse am Leben verloren ...
> Die Krankheitslast durch Depression, etwa in Form von Arbeitsunfähigkeit, stationärer Behandlung und Frühverrentung, ist in Deutschland in den letzten Jahren stark angestiegen.[7]

Man sieht an unserer Gesellschaft, dass sie sich insgesamt in Richtung Depression bewegt, weil sie sich leistungsorientiert, wie sie ist, permanent überarbeitet (stresst). Sie manifestiert die gelebte Erschöpfungs-Depression. Effizienz und Optimierung sind Schlagworte einer auf immer größeres Tempo angelegten Produktion, die zudem immer maschineller wird. Viele Menschen haben den unangenehmen Eindruck, dass von ihnen tatsächlich – wenn auch unausgesprochen – verlangt wird, sich Maschinen gleich zu verhalten.

Gott hingegen ist nicht leistungs-, sondern lebensorientiert. Der industrielle Leitsatz „Du sollst leisten!" steht neben dem göttlichen Leitsatz „Du sollst leben!" In unserer Kultur wissen viele Menschen viel über Leistung und wenig über Leben. Sie definieren sich über ihre Arbeit; wenn sie wegfällt, wissen sie nicht, wer sie sind und was sie mit ihrem „Leben" anfangen sollen. Ein Drama.

---

[7] Wikipedia, Stichwort „Depression", 30.12.22.

Der Exodus zum „einfachen Leben"

Zu beobachten ist heute ein gewisser „Exodus" aus den gewachsenen Strukturen des industriell genormten Lebens. Ging es nach dem Krieg ganz zentral um den Wiederaufbau und die grandiose Leistung, aus den Trümmern ein wirtschaftlich florierendes Land zu erschaffen, ist heutzutage der Zenit dieser stark materiellen Orientierung überschritten. Größerer Wohlstand als Lebensziel, Quelle von Prestige und Sinnstiftung weicht der Frage nach psychologischen, sozialen und spirituellen Werten. Auch die Trends „Zurück zur Einfachheit und zur Natur" zeugen von einer immer größer werdenden Anzahl von „Aussteigern":

> Gespräche mit Aussteigern zeigen, dass die Zwänge und Regelungen einer Gesellschaft oft nicht den Neigungen und Ansichten ihrer selbst entsprechen. Häufig wird von Aussteigern ein wachsender Kapitalismus als Auslöser für ihre Gedanken genannt, der durch viele seiner Eigenschaften die soziale Gemeinschaft gegeneinander ausspiele und entfremde. Nicht erst die heutige Psychologie hat den Wert der Stille und des Ganz-bei-sich-Seins als Hort der Zufriedenheit und des Glücks wiederentdeckt. Alleinsein ist nicht nur ein Zustand, sondern auch eine Fähigkeit, die Nicht-Aussteiger genauso erwerben können, um den inneren Reichtum der Seele und den äußeren Reichtum der Natur erleben zu können.
> Als Synonym für einen *inneren Ausstieg*, bei dem ein geregeltes Leben oberflächlich beibehalten wird, innerlich aber mit der Außenwelt gebrochen wird, verwendet man den Begriff der „inneren Emigration".[8]
>
> Im „einfachen Leben" wird durch Konsumverweigerung ein selbstbestimmtes Leben angestrebt, welches – ganzheitlich betrachtet – als Steigerung der Lebensqualität empfunden wird. Das einfache Leben ist eine Alternative zum heute

[8] Wikipedia, Stichwort: „Aussteiger", 30.12.22.

> weitverbreiteten konsumorientierten Leben. Dessen materialistischer Lebensstil wird von einfach Lebenden als oberflächlich und nur auf kurzfristige Freuden ausgerichtet empfunden.
> Auch der zunehmenden Reizüberflutung und Entfremdung des Menschen in der modernen Welt soll mit freiwilliger Einfachheit etwas entgegengesetzt werden ... Durch die Verringerung des Konsums, also der Ausgaben für Güter und Dienstleistungen, haben einfach Lebende die Möglichkeit, ihre Arbeitszeit zu reduzieren ... Sie betrachten den modernen Menschen als entfremdet, und zwar u. a. von sich selbst, seinen Mitmenschen und von der Natur. Das heutige Leben, in dem auf abstrakte Weise mit Arbeit Geld verdient wird, um sich damit Dinge zu kaufen, mache unglücklich ...
> Der moderne Mensch ist in verschiedenen zentralen Lebensbereichen einem Zuviel ausgesetzt, also nicht nur einem Zuviel an Besitz, sondern auch einem Zuviel an Reizen innerhalb kürzester Zeit, spätestens, seit das Internet durch die Verbreitung des Smartphones einen guten Teil unserer täglichen Aufmerksamkeit vereinnahmt. Dem mit Informationen, Ereignissen, Terminen und To-do's überfluteten Leben des modernen Menschen wird versucht, Entschleunigung entgegenzusetzen ...
> Auch das „Tiny-House-Movement" wuchs in den letzten Jahren stetig.
> Im Allgemeinen lässt sich feststellen, dass sich Minimalismus und freiwillige Einfachheit in den letzten zehn bis zwanzig Jahren zu einem einflussreichen Trend entwickelt haben.[9]

Diese Beiträge zu den Aussteigern und Minimalisten zeigen, wie Wikipedia sagt, einen wachsenden „Trend" an. Tatsächlich ist dieser Trend inzwischen zu einer Bewegung geworden, die ein Indikator für die Zeitenwende ist, deren Kommen sich immer deutlicher abzeichnet. Im nächsten Kapitel werden wir uns damit eingehender beschäftigen, während uns in diesem Kapitel über die Kraft der Heiligen das „einfache Leben" interessierte,

---

[9] Wikipedia, Stichwort „Einfaches Leben", 30.12.22.

insofern es der Rahmen bzw. das Gefäß für dieses „mächtige Leben“ ist. Ganz anders verkauft uns das ja unsere Kultur. Die „Mächtigen“ leben ein ausuferndes, luxuriöses Leben, häufen Vermögen und Immobilien an, betreiben Geschäfte und handeln mit Aktien. Ihr Alltag atmet keine Ruhe und Einfachheit, ganz im Gegenteil. Menschen, die mächtig sind in Gott und im Geist, leben viel kontemplativer (beschaulicher), und brauchen eine einfach strukturierte Umgebung und Tagesordnung, um mit ihrer Aufmerksamkeit gesammelt und auf das Wesentliche ausgerichtet zu bleiben.

Kapitel 8

Das einfache Leben

So seid nun nicht besorgt, indem ihr sagt:
Was sollen wir essen?
Oder: Was sollen wir trinken?
Oder: Was sollen wir anziehen?
Denn nach diesem allen trachten die Nationen,
aber euer himmlischer Vater weiß,
dass ihr all dies benötigt.

Matthäus 6,31-32

Tatsächlich hat das heilige Leben viel mit dem „einfachen" gemein, dem sich der letzte Abschnitt des vorherigen Kapitels bereits widmete. Unabgelenkt bei der Sache zu sein und „zuerst nach dem Reich Gottes zu trachten" (vgl. Mt 6,33), was Zeit und Aufmerksamkeit braucht, Hingabe und Fokus, verlangt ein genügsames, anspruchsloses und bewegliches Leben in dieser Welt. Wenn unsere Versorgung und Sicherheit nicht mehr abhängig von Posten und Gehältern ist, dann treten wir in eine ungeahnte Sorglosigkeit und Freiheit ein, die geradezu märchenhaft sind. Wenn wir uns zudem nicht mehr über Leistung und Besitz definieren, sondern über das Reich Gottes und *„die Gnade des Herrn Jesus Christus, die Liebe Gottes und die Gemeinschaft des Heiligen Geistes"* (vgl. 2 Kor 13,13), der weiß, was wir benötigen, dann können wir ein äußerlich einfaches Leben führen, welches der Entwicklung und dem Ausdruck unseres inneren Lebens nicht im Wege steht.

Simplify your life

Hier möchte ich auf ein weiteres, wunderbares Buch hinweisen, das uns auf dem Wege der Vereinfachung aller Lebensbereiche gute Dienste leisten kann. Wiederum handelt es sich um einen Welt-Bestseller, der seit seinem Erscheinen im Jahr 2001 zig Neuauflagen erfahren hat: „*Simplify your life*". Wikipedia kommentiert:

> Die Autoren (Werner Tiki Küstenmacher und Lothar Seiwert) setzen beim „Überdruss am Überfluss" an und wollen dem Leser helfen, das Leben zu entrümpeln und zu entschleunigen, um zum Wesentlichen und zu sich selbst zu finden. Das Leben stellen sie symbolisch als Stufenpyramidenmodell mit acht Stufen dar. Zu allen Stufen geben sie Tipps, sogenannte simplify-Ideen oder „ENT-leins", zur Ent-rümpelung, Ent-schleunigung, Ent-spannung und vielem mehr, die zu einer konsequenten Vereinfachung des Lebens führen sollen.[1]

Küstenmacher und Seiwert sehen es als ihre „heilige" Aufgabe an, Menschen zu befähigen, „zum Wesentlichen und zu sich selbst zu finden". Dafür muss der Stress, der mit dem Überfluss einhergeht, reduziert werden. Das ist gar nicht so einfach! Seufzend sagte mir meine Frau neulich: „Ist das nicht verrückt, dass wir nun den ganzen Krempel, den wir mühevoll über die Jahre angesammelt haben, mit Mühe wieder loswerden bzw. ausmisten müssen? Ich habe mir eingebildet, als ich in jungen Jahren das Buch ‚Simplify your life' gelesen habe, die Botschaft verstanden zu haben, aber das scheint nicht der Fall zu sein!"

---

[1] Wikipedia, Stichwort „Simplify your life", 5.1.23. Das Buch ist im VNR Verlag für die deutsche Wirtschaft AG erschienen.

Jesus sagt: „Das Leben ist mehr als Essen und Trinken und der Körper mehr als die Kleidung“ (vgl. Mt 6,25). Was ist das für ein Mehrwert? Wir erfahren an anderer Stelle über unseren Körper Folgendes:

> *Wisst ihr nicht, **dass euer Leib ein Tempel des Heiligen Geistes ist**, der in euch wohnt? Gott hat euch seinen Geist gegeben und ihr gehört nicht mehr euch selbst. Er hat euch freigekauft und als sein Eigentum erworben. Macht ihm also Ehre an eurem Leib!* (1 Kor 6,19-20 GNB).

Wenn also nicht die Kirche der Aufenthaltsort Gottes – also sein Tempel – ist, sondern *unser Leib*, dann sind wir ja heilig! Nicht weil wir so „gut“ sind, sondern weil der, der es ist, nun in uns wohnt. Wir bemühen uns nicht um ein heilig-mäßiges Leben, um seine Gegenwart zu erlangen, sondern weil wir sie bereits haben, richten wir uns danach! Das ist eine ganz andere Sicht der Dinge.

Alles, was Gott gehört, ist heilig. Die Bibelstelle oben aus 1. Korinther 6,20 besagt, dass Gott uns als sein Eigentum erworben hat. Wie könnten wir da nicht heilig sein? Wie achtsam und wertschätzend müssen wir nun mit uns selbst und unserem Körper umgehen! Wie können wir begreifen, dass wir „nicht uns selbst gehören“?

Sehen wir unser Leben als heilig an, als *freigekauft* von Jesus und in der Verfügung des Heiligen Geistes, dann werden damit automatisch alle unsere Umstände, Probleme, Sorgen und Nöte die seinen. Er hat uns mit alledem erkauft und ist nun zuständig dafür. Wir haben nichts mehr, er alles. Wie frei wir dann sind! Kinder-frei. Da wird das Heiligsein zum Abenteuer. Die Korrekturen des Heiligen Geistes nehmen wir nicht mehr so persönlich wie die Erwachsenen, sondern lassen uns wie Kinder erziehen und leiten.

> Im vorigen Jahrhundert besuchte ein Tourist aus den Vereinigten Staaten den berühmten polnischen Rabbi Hofetz Chaim. Erstaunt sah er, dass der Rabbi nur in einem einfachen Zimmer

voller Bücher wohnte. Das einzige Mobiliar waren ein Tisch und eine Bank.

„Rabbi, wo sind ihre Möbel?", fragte der Tourist.

„Wo sind ihre?", erwiderte Hofetz.

„Meine? Aber ich bin nur zu Besuch hier. Ich bin nur auf der Durchreise", sagte der Amerikaner.

„Genau wie ich", erwiderte der Rabbi.[2]

Euer Vater weiß ...

Der ganze Abschnitt von Matthäus 6,19-34 über das sorglose Leben ruht auf der Prämisse, dass Gott „unser **Vater** ist, der weiß, was wir benötigen".

Waisenkinder müssen sich selbst durchbringen; Söhne und Töchter aber sitzen am Tisch ihres Vaters. Sie müssen das Brot nicht selbst verdienen und ihre Kleider nicht selber beschaffen; das ist Sache der Eltern. Darum können Kinder sorglos spielen gehen. Nicht so die Waisen. Wofür die einen ihre Kraft und Zeit aufwenden – sich verkaufen – müssen, um für ihren Unterhalt aufzukommen, das gibt ein Vater seinen Kindern einfach darum, weil sie seine Kinder sind, denen er verpflichtet ist, gut für sie zu sorgen. Er tut es nicht aus Zwang oder weil sie so viel „betteln", sondern weil er sie liebt.

Für die Waisen hört sich die Kunde von der Liebe Gottes bitter an, denn sie sind traumatisiert und haben das Vertrauen dahinein, dass es jemand gut mit ihnen meint, zum großen Teil eingebüßt. Die innere Vereinsamung, die in der Seelsorge standardmäßig ans Licht kommt, ist das Los der Waisen. Sie können sich eine freiwillige Fürsorge Gottes für sich ohne Preis und Haken nicht vorstellen. Also halten sie sich Gott auf Abstand. Gerade ihn, der sie ja offenbar hat hängen lassen! Sie projizieren ihre Verlustängste und Missbrauchserfahrungen auf den Hirten, anstatt auf den Dieb, der ihnen ihr Leben, ihre Seele und ihre Zukunft stiehlt. Jesus benennt ihn und seine

---

[2] A. de. Mello, s.o., S. 114.

Absichten mit uns in Johannes 10,10. Sich selbst nennt er dort „den guten Hirten", der nicht vorhat, uns das Leben zu nehmen, sondern es uns zu geben – und das im Überfluss.

Tatsächlich hängen auch viele Christen in dem tief eingespurten Misstrauen des Waisenkindes fest und verstehen nicht, warum diese Distanz zu Gott nicht verschwindet. Aber nicht der Vater, sondern sie selbst halten diesen Abstand aufrecht – sicherheitshalber und unbewusst. Das Vertrauen verletzter Seelen zu gewinnen, ist nicht einfach und dauert.

Ist die Entfremdung von Gott und von uns selbst – also die Verwaisung – doch einmal überwunden und stellt sich die Nähe zu Gott ein – von Angesicht zu Angesicht – dann treten wir in die „Sohnschaft" ein, welche die Töchter mit einschließt. Wir alle haben Anteil an der Sohnschaft Jesu und kommen in ihm zum Vater. Dann entdecken wir sein Haus und den Tisch, an dem ein Platz für uns gedeckt ist. Das Leben im Mangel, „es reicht nicht", und der ständigen Furcht, „es nicht zu schaffen", hören auf und weichen einer Entspannung.

> *Kommt her zu mir, all ihr Mühseligen und Beladenen, und ich werde euch Ruhe geben* (Mt 11,28).

Die Erfahrung dieser Ruhe ist „überirdisch" und sehr heilsam. Kommen wir damit in Kontakt, wollen wir tagelang nur noch schlafen. Das können wir auch, weil ja nun jemand anderes aufpasst ...

Loslassen

Erleben wir die neue Sicherheit in der zuverlässigen Liebe Gottes, die für uns zu einer Quelle *von allem* wird, und wird unsere Seele dadurch mächtig erleichtert, können wir vieles loslassen, was wir zuvor krampfhaft festhielten. Vor allem uns selbst.

Ein Gast erzählte uns seine Geschichte. Er war seines studierten Berufes gänzlich überdrüssig. Er versuchte es mit einem zweiten Arbeitsbereich, aber auch da fand er keine

Zufriedenheit. So kündigte er schließlich auch diesen und begab sich auf die Suche nach seiner wahren Sehnsucht. Gott führte ihn zu einer ökologischen Gärtnerei, die eine Hilfskraft suchte. Das Angebot sprach ihn unmittelbar an und er, der studierte Mann, wurde Hilfskraft in einer Gärtnerei. Mit Erstaunen stellte er fest, wie gut ihm die einfache und streckenweise monotone Arbeit mit den Pflanzen tat. Das gab ihm Gelegenheit, seinen Gedanken und Gebeten freien Lauf zu lassen, während seine Hände mit Setzlingen und Erde beschäftigt waren. Er verspürte inneren Frieden und erlebt die Arbeit als wenig stressig. Zwar verdiente er nur die Hälfte wie vorher, aber für eine einfaches Leben reichte es aus.

Wir können sowohl psychischen als auch physischen Ballast abwerfen, weil es nicht mehr nötig, wichtig und richtig für uns ist. Das Ablegen von viel zu viel „Zeug" verschafft uns eine neue Leichtigkeit, die sich auf allen Ebenen positiv auswirkt. Das Leben wird entschlackt.

Leben wir in der Gegenwart Gottes, dann gehen wir regelmäßig durch eine „Inventur", in der der Heilige Geist uns in besonderer Weise die Augen für unsere Innenwelt sowie die nächste Umgebung öffnet. Was herrscht dort für eine Ordnung oder Unordnung? Aufräumen ist angesagt! „Simplify your life" ist der Anfang von „Im Leben herrschen" (vgl. Röm 5,17).

> Einfachheit lässt sich auf zwei Schritte herunterbrechen: Identifiziere das Wesentliche. Eliminiere den Rest.[3]

> Beim einfachen Leben wird vor allem darauf geachtet, das eigene Verhalten hinsichtlich Konsum und Besitz auf Sinnhaftigkeit und Notwendigkeit zu hinterfragen. Ein Übermaß an Besitz wird als hinderlich und belastend betrachtet. Daher entscheiden sich einige Leute dafür, ihr Leben grundlegend zu vereinfachen und Besitz loszulassen. Man vermeidet auch Konsum, der lediglich der Unterhaltung und Freizeitbeschäftigung

---

[3] „Simplicity boils down to two steps: Identify the essential. Eliminate the rest.", Leo Babauta, Autor des Blogs *Zen Habits*.

> dient oder gar der bloßen Steigerung des Prestiges, und fokussiert sich stattdessen auf die „wirklich wichtigen" Dinge im Leben. Es wird dabei zwischen Begehren und Notwendigkeit unterschieden. Man gibt sich zufrieden mit dem, was man hat, anstatt immer mehr zu wollen und damit nie zufrieden zu sein. Der Lebensstil ist von der grundlegenden Haltung geprägt, weniger Dinge zu besitzen, um sich und die Umwelt mit deren Anschaffung (und Bezahlung), Pflege und Entsorgung nicht unnötig zu belasten. Dieser materiell bewusst reduzierte Lebensstil weist mitunter asketische Züge auf.[4]

Um unser Leben zu vereinfachen und auf „die wirklich wichtigen Dinge" zu konzentrieren, kommt alles auf den Prüfstand des Heiligen Geistes. Auch unser Kleider- und Schuhschrank. Alle Schränke. Das Leben wird entrümpelt. Auch unser Kühlschrank kommt dran …

Was wir essen und warum und wie viel … alles wird „untersucht" auf seine Sinnhaftigkeit und darauf, ob es der Entfaltung der Heiligkeit im Wege steht oder aber von ihr in ihren Dienst gestellt wird, ein heilsames Leben zu generieren. Die Inventur umfasst unser gesamtes Verhalten … unseren Umgang mit Arbeit, mit Zeit, mit anderen Menschen. Und ganz zentral steht die Beobachtung und Analyse, *was wir wie und warum reden*. Es kann so weit gehen, dass wir eine Zeit lang kaum mehr mit jemandem sprechen können, weil wir nach Gewohnheit und Prägung möglicherweise ausgesprochen negativ, manipulativ und egozentrisch sprechen. Das „Plappern" hört auf (vgl. Mt 6,7). In diesem Prozess der Inventur werden wir achtsam. Wir entdecken die Wahrheit von „Weniger ist mehr" und wie schön ein freier Schreibtisch oder ein leerer Raum wirken.

---

[4] Wikipedia, „Das einfache Leben", 5.1.23.

Großreinigung

Um Neuem Raum zu geben, muss Altes entsorgt werden, das ist logisch. Ein neues Leben in den Rahmen eines alten Lebensstils zu stecken, ist anstrengend und auf Dauer zum Scheitern verurteilt. Das Heilige im Unheiligen zu kultivieren, ist eine stetige Herausforderung. Stück für Stück, Schicht für Schicht wird das eine runter- und das andere hochgefahren.

> Um das Glück, das uns bereits beschieden ist, erfahren zu können, müssen wir die schmerzhafte Kunst erlernen, uns von unseren Illusionen zu trennen. Das ist schmerzhaft, weil sie in unserer Psyche tiefe Wurzeln geschlagen haben und man das Gefühl hat, als reiße man sich die eigenen Eingeweide heraus, wenn man ihr Wurzelwerk ausgräbt.
>
> Die Kunst, uns von Illusionen zu trennen, ist deshalb so schwierig, weil wir so stark zur Verdrängung neigen ... Wie soll man Menschen, die in einem Traum gefangen sind, beibringen, dass es eine andere Welt gibt, nämlich die Realität, wenn sie einzig und allein ihren Traum für die Realität halten? Wie erklärt man einem blind geborenen Menschen, der den ganzen Tag im Finstern sitzt, die Erfahrung des Lichts? Die Finsternis kann man nicht mit einem Besen auskehren ... Man muss eine Kerze anzünden oder den Schalter betätigen. Und siehe da, dann ist die Finsternis vorbei.[5]

Zu Anfang des heiligen Weges gibt es in der Regel eine Art „Großreinigung". Da geht es um eine umfassende Revision voller Analyse-Prozessen, Hinterfragung, Bewusstmachung, Neu-Orientierung, Wiederherstellung und Heilung. Viele Illusionen werden abgelegt, viele Wahrheiten angezogen.

Nach dieser Initial-Erneuerung folgen kleinere Inventuren, zwischen denen wir Zeit haben, all das Neue zu integrieren. Das Heilige Leben ist im Ergebnis völlig integer. Diese Integrität hat

---

[5] J.F. Stroud, „Anthony de Mellos kleine Lebensschule", Herder Verlag, Freiburg im Breisgau 2007, S. 46.

etwas Glückseliges an sich, denn Qualitäten, die wir nicht kannten, regieren nun zunehmend unser ganzes Leben auf allen Ebenen: Wahrhaftigkeit, Frieden, Freude, Geradheit, Einfachheit, Segen ... die großen drei der Heiligen Schrift: Glaube, Hoffnung und Liebe, bestimmen unsere innere Welt, die Liebe aber ist das Größte (vgl. 1 Kor 13,13). Denn Gott IST Liebe (vgl. 1 Joh 4,9).

Integrität

Die Heiligen gehen durch heilige Verwandlungsprozesse, initiiert vom Heiligen Geist, um nicht nur etwas über die Liebe, den Frieden oder den Glauben zu wissen, sondern *um es zu werden*. Auf diese Weise *werden sie* wie Gott – verwandelt in sein Bild (vgl. 2 Kor 3,17-18). Dieses Werden ist es, worum es bei der „Integrität" geht. Wir werden, die wir sind – geschaffen im Bilde Gottes. Alles, was diesem Bild nicht entspricht, wird als abwegig und irrelevant abgelegt.

Die heutige Welt dreht sich mit einer sagenhaften Desintegrität, die nur durch Geld bzw. Kredite aufrechterhalten und am Laufen gehalten wird, um sich selbst. Das ist ein großes Problem.

> Persönliche Integrität ist die fortwährend aufrechterhaltene Übereinstimmung des persönlichen Wertesystems und der persönlichen Ideale mit dem eigenen Reden und Handeln. Grundlage des Wertesystems ist eine religiös, politisch oder humanistisch begründete Ethik. Ein integrer Mensch lebt und handelt in dem Bewusstsein, dass sich seine persönlichen Überzeugungen, Maßstäbe und Wertvorstellungen in seinem Verhalten ausdrücken. Persönliche Integrität ist als Treue zu sich selbst gekennzeichnet worden. Sie achtet aber ebenso die Integrität und Würde der Mitmenschen und strebt danach, diese nicht zu verletzen.
> Im Gegensatz zu integer bezeichnet korrumpierbar eine Person, die sich in ihrem Verhalten nicht von eigenen Werten und

> Prinzipien, sondern von Drohungen und/oder Verlockungen durch äußere und innere Einflüsse leiten lässt ...
> Die Aussage über einzelne Menschen – sie seien „integer" – bedeutet, dass diese Personen „unbestechlich" sind und festen, tief verankerten, ihnen wesensgemäßen Werten anhängen, zu denen sie dauerhaft stehen und von denen sie sich nicht abbringen lassen.[6]

An diesen Beschreibungen erkennen wir den Segen der Zuverlässigkeit, Beständigkeit, Klarheit und Verpflichtung der Integrität. Aber wir können auch begreifen, wie fatal es ist, wenn ein Mensch, eine Familie, eine Firma, eine Gemeinde oder Nation die Integrität verliert. Um Desintegrität zu verkraften, muss man abstumpfen oder aussteigen. Vertrauen ist nicht möglich, da Versprechen nicht gehalten werden. Korruption ist allgegenwärtig.

Aufgrund der vielen Migranten, die nach Deutschland kommen, reden heute alle über Integration. Aber wohinein soll man sie integrieren, wenn die Gesellschaft nicht integer ist? Viele verstehen unter Integration „Anpassung". Die Leute sollen Deutsch lernen, arbeiten gehen und Geld verdienen ... und ansonsten irgendwie unauffällig „da" sein. Wie wir feststellen, sammeln sich in dieser „desintegrativen Integration" viele Ausländer in isolierten Parallelgesellschaften. Es gibt Stadteile, da würde man nicht glauben, dass man in Deutschland ist, wenn man es nicht wüsste. Dass Menschen sich unseren „Werten" einfügen, die hier kaum einer lebt, und das Grundgesetz unterschreiben sollen, das noch weniger Deutsche als sie selbst je gelesen haben, wo soll das hinführen?

Wenn wir unser Leben in eine reale Verbindung mit Gott bringen, kehrt sich der innere Verfall um, was zur Folge hat, dass sich auch die äußere Lebensführung verändert. Wir merken, wie viel wir nicht (mehr) gemerkt haben und wundern uns. Mit den Jahren schließen wir uns der Beurteilung Gottes

[6] Wikipedia, Stichwort „Integrität", 2.1.23.

an, der unser von ihm abgekoppeltes Leben nicht als Leben, sondern als Sterben bezeichnet. Gott IST das Leben. Er macht lebendig, er heilt und stärkt, kultiviert und mehrt das Leben; er lehrt uns auch, wie es geht und führt seine Heiligen in eine ungeahnte Lebensentfaltung hinein, die keine Grenzen kennt.

Wenn die Ungerechtigkeit Recht spricht

Wir erfahren in der Lebensschule des Geistes, dass bei Gott Liebe, Friede und Freude sowie alle anderen seiner heiligen Aspekte keine philosophischen Begriffe sind, sondern lebendige Mächte und Kräfte. Das ändert einfach alles, denn wir erleben, dass etwa der Friede Gottes kein religiöses Konstrukt ist, sondern eine mächtige, wirkende Kraft der Harmonisierung, Stabilisierung, Heilung, Balance und Versöhnung von allem mit allem. Und das *jederzeit*. In der Kraft des Heiligen Geistes werden wir initiiert zu „Menschen des Friedens". Wir sind dann „Gefäße" für den lebendigen, wirkmächtigen Frieden, der sich auch „Schalom"[7] nennt, der uns in Richtung Paradies führt.

Je weiter wir den Weg des Friedens gehen, desto mehr lassen wir die friedlose Welt los und überwinden sie.

Wie sieht denn die Definition der Welt für Frieden aus? Dass wir unsere Konflikte ohne Krieg bzw. „gewaltfrei" bewältigen können? Das ist ein sehr ärmliches Verständnis. Gerichte sollen die Völker in Schach halten, aber da zu viele von ihnen keine Integrität haben, sondern käuflich sind, außerdem weder interessiert am Frieden – denn sie verdienen ja am Unfrieden –

---

[7] Der hebräische Begriff **Schalom** bedeutet im Tanach zunächst Unversehrtheit und Heil. Doch mit dem Begriff ist nicht nur Befreiung von jedem Unheil gemeint, sondern auch Gesundheit, Wohlfahrt, Frieden, Ruhe und Glück. Versucht man, diese semantische Breite auf bestimmte Grundbedeutungen zurückzuführen, so lässt sich Schalom als „Ganzheit", „Genugtuung", „Wohlbefinden", „kollektives Wohlergehen", „lebensfördernde Geordnetheit der Welt" oder als „Zustand, der keine unerfüllten Wünsche offenlässt" begreifen (Wikipedia, 14.1.23).

noch in der Lage, ihn herzustellen, da sie ihn nicht in sich selbst tragen, wie sollen sie „Recht sprechen"? Es muss heutzutage ja niemand ein Gerechter SEIN, um ein guter Richter zu werden, sondern Jura studiert haben.

Die Geschichte ist voller unendlich vieler Beispiele, wie Gerichte Unrecht gesprochen und legitimiert haben, weil es sich besser für sie rechnete oder die Politik es so verlangte. Ist der „Rechtsstaat" nicht eine Utopie, wenn Menschen gar nicht wissen, was Gerechtigkeit oder Frieden überhaupt sind und sie niemanden kennen, *der gerecht ist*?

Menschen, die ich nicht kenne, und die mich nicht kennen, sollen im Gericht meinen „Fall" verhandeln und dabei „objektiv" sein, was nicht möglich ist, weil weder ich noch sie Objekte, sondern Subjekte sind.

Das Problem mit „richtig und falsch" zeigt sich u. a. daran, dass auf der einen Seite einer Landesgrenze die einen Gesetze gelten, also „richtig" sind, ein paar Meter weiter auf der anderen Seite jedoch andere gelten. Wofür ich auf der einen Seite rechtlich nicht einmal belangt werde, dafür werde ich auf der anderen möglicherweise hingerichtet. So etwas gibt es!

Das Gericht der Liebe

Wenn LIEBE ins Spiel kommt – und Gott IST Liebe – betreten wir eine völlig neue Arena von Rechtsprechung. Wunderschön zeigt es sich an der Episode aus den Evangelien, wo die Pharisäer – die „Gerechten" – eine Ehebrecherin vor Jesus zerren und ihre Hinrichtung verlangen „wie das Gesetzt es sagt" (vgl. Joh 8,2-11). Mit dem berühmten Satz: „Wer unter euch ohne Sünde ist, werfe den ersten Stein", überführt er die Hüter des Gesetzes ihrer Selbstgerechtigkeit, Überheblichkeit und Heuchelei und zeigt ihnen, dass Gott, der ja LIEBE ist, kein Interesse am Tod, sondern am Erhalt des Lebens der Ehebrecherin hat. Sie aber haben keine Barmherzigkeit für die Frau übrig, sondern die reine Verachtung. Man kann sich fragen, wer jetzt der größere Sünder ist: die Ehebrecherin oder ihre

Häscher? Bei der Frau sieht man die Sünde an ihrem äußeren Verhalten, bei den Schriftgelehrten jedoch ist ihre Sünde inwendig und damit unsichtbar. Sünder richten Sünder. Was kommt dabei heraus? Noch mehr Sünde ...

Jesus definiert die Frau nicht über ihre Tat, sondern darüber, dass sie ein MENSCH ist, der von Gott und nicht von Menschen geschaffen ist. Weder wissen ihre Richter, was die Geschichte dieser Frau ist, noch präsentieren sie den Ehebrecher, sondern nur die Frau, die sie „auf frischer Tat" ergriffen hatten, was uns zu denken geben kann, mit welchem Maß hier gemessen wird. Gott will nicht, dass jemand die Ehe bricht, sondern sie heiligt, aber er will so jemanden deswegen nicht gleich tot sehen!

Was immer unser Leben beeinträchtigt, belastet, stört, krank macht, einengt, seine Kraft und Schönheit vermindert und verhindert, gehört abgestellt – aber nicht der Mensch an sich. Echte Integrität braucht keine Gesetzlichkeit, sondern Liebe. Nur im Licht der Liebe können sich Menschen zeigen und zugeben, wie sie sind. Das Ziel des „Gerichtes der Liebe" ist der „wahre" Mensch, der weder sich selbst noch den andern noch Gott etwas vormacht, der auch zu seinen Sünden steht und sie bekennt.

Wir sind schon, was wir werden wollen

Menschen, die den Weg der Liebe gehen, entdecken, dass sie „eigentlich" auch Liebe sind – so wie Gott. Nur wurde die Liebe dermaßen erdrosselt und verdrängt, abgelehnt und vergewaltigt, auch nicht kultiviert und entwickelt, sodass sie wie ausradiert erscheint.

Gehen wir den Weg des Friedens, entdecken wir ebenfalls, dass wir eigentlich Frieden *sind,* so wie Gott, zwar in einer von ihm abgeleiteten und individualisierten Version, aber wir sind es. Jedoch wurde der Friede dermaßen verletzt und missbraucht, dass wir dicke Schutzmauern aufrichten mussten, hinter denen wir unser wahres Selbst verstecken. Bald verlieren wir den Kontakt mit diesem Selbst und inszenieren ein Schein-Selbst inklusive eines Schein-Friedens.

Kurzum, wenn wir den heiligen Weg gehen – an der Hand des Heiligen Geistes –, entdecken wir, dass wir Heilige *sind*, die es aber vergessen und verloren haben, die sich selbst entfremdet sind und umprogrammiert wurden auf Unheiligkeit. Aber das ist nicht, was wir wirklich sind. Es ist alles eine Frage der Identität. Der heilige Weg ist davon gekennzeichnet, falsche Identitäten abzulegen und die richtigen anzulegen. Es gleicht einer Auferstehung. Die überaus positive und revolutionäre Entdeckung für uns besteht darin, dass wir nicht versuchen müssen, etwas zu sein, was wir nicht sind – heilig –, sondern wiederherzustellen, was wir sind – heilig.

Ich weiß, für religiöse Ohren klingt das nach Blasphemie und Sakrileg. Jedoch ist Religion ein Aspekt des Spiegeluniversums, wo alles in sein Gegenteil verkehrt ist. In Wahrheit sind wir keine Sünder, die versuchen, heilig zu sein, sondern Heilige, die damit aufhören, zu sündigen. In den Sünden waren wir gefangen und „tot", denn wir „lebten" etwas, das wir nicht sind. In Christus werden wir jedoch befreit und wieder lebendig gemacht, um nun das auszuleben, was wir sind. Die Religion sagt: „Sei, was du nicht bist!", Gott aber sagt uns in Christus: „Sei, was du bist!"

Wenn wir damit identifiziert sind, Sünder zu sein, die nun versuchen sollen, heilig zu sein, „um Gott zu gefallen", dann landen wir in den höchsten Höhen der Selbstinszenierung und tiefsten Tiefen der Heuchelei. Wenn wir andersherum damit identifiziert sind, dass wir Heilige sind, werden wir die Sünde als etwas, das gar nicht zu uns gehört, ablegen. Wir hören auf damit, etwas zu sein, das wir nicht sind – und wir fangen an, zu sein, was wir sind. DAS ist ein ganz anderer Ausgangspunkt. Leben wir von der Sünde her oder von der Heiligkeit her?

Solcher und anderer Reichtum

Was hat das mit dem „einfachen Leben“ zu tun? Nun, legen wir in unserem Inneren ab, was wir nicht sind, und kehren aus, was nicht zu uns gehört, folgt daraus, dass wir auch in unserem äußeren Leben und Alltag beginnen, abzulegen und auszuräumen, was uns nicht entspricht. Und das kann eine Menge sein!

Da nicht mehr materielle Dinge die Quelle unserer Sicherheit sind, sondern der himmlische Vater, der weiß, was wir benötigen und es uns auch gibt, können wir ein ganz anderes Leben führen als „die Heiden“, die an der materiellen Ebene kleben wie die Fliegen am Leim. Da sie nicht in sich gehen und auf eine höhere Ebene aufsteigen können, um die geistlichen Reichtümer zu finden, die den irdischen überlegen sind, unter anderem dadurch, dass sie „ewig“ sind, unzerstörbar und unvergänglich, bleibt ihnen nur die sichtbare Welt als Quelle und Möglichkeit, um zu leben. Auch wenn Menschen auf der materiellen Ebene reich sind, sieht die geistliche Welt sie dennoch als arm an, während sie jemanden, der durch seine Verbundenheit mit seinem Herzen, dem Himmel und Gott als reich betrachtet, selbst wenn er in materieller Hinsicht wenig hat.

> *Besser ein Gericht Gemüse, und Liebe ist da, als ein gemästeter Ochse und Hass dabei* (Spr 15,17).
>
> *Besser das Wenige des Gerechten als der Überfluss vieler Gottloser* (Ps 37,16).

Viele Jahre lang betrachtete ich mein Leben als „arm und mühselig“. Tatsächlich kam ich immer wieder an den Punkt der Erschöpfung und Enttäuschung. Ich empfand es als ungerecht vom Leben, dass ich es leben musste, obwohl ich das gar nicht wollte und mich niemand danach gefragt hatte. Ich litt unter einer satten Opfermentalität. Gott begann dann später, als ich ihm mein Leben, welches ich nicht haben wollte, er aber schon, in die Hände legte, diese Bitterkeit samt Selbsthass und Lebensverneinung auszuräumen. Unter dem Schutt kam das verkümmerte Herz zum Vorschein, welches die „Empfangsstation" für geistliche Dimensionen wie Liebe, Frieden und Freude ist. Aber auch Kreativität.

Im Zuge der inneren Wiederherstellung fing Gott an, das Wenige, das ich hatte, auf seine Nützlichkeit hin zu untersuchen und mit mir zu überlegen, was man daraus machen kann. Auf einer selbstgebastelten Tischplatte aus Pressholz, mit einer alten Reise-Schreibmaschine darauf, konnte ich anfangen zu schreiben. Heute sind über 30 Bücher daraus geworden, einige wurden sogar in andere Sprachen übersetzt. Die Quelle der Inspiration wurde „ausgegraben" und meine innere Dürre bzw. Wüste zu fruchtbarem Boden! Aber das war ein langer Prozess der persönlichen Wiederherstellung.

Meine Berufung – und auch die aller anderer Menschen – sehe ich darin, diesem inneren Reichtum Ausdruck zu geben. Der Segen Gottes wird aus dem Herzen heraus in die sichtbare und materielle Welt hinein umgesetzt. Meiner Erfahrung nach haben selbst die einfachsten Dinge, wenn sie aus dem Herzen kommen, eine besondere Qualität. Das „Gericht Gemüse mit Liebe dabei" ist wirklich besser als ein gemästeter Ochse ohne Liebe ...

Die Befreiung meines Herzens, sich selbst auszudrücken und in Form von Büchern und Vorträgen zu manifestieren, ist ein „heiliges Glück" für mich. Ich empfinde mich als reich und lebendig, sinnvoll und produktiv. Alle andere „Lohnarbeit" habe ich beendet und meinen Alltag mit der Gabe, die Gott in mich hineingelegt hat, verknüpft. Nicht das Geld sondern die Gabe steht an erster Stelle. Sie bringt das nötige Geld selber mit, weil sie positive Ergebnisse erzielt und unermüdlich ist. Jedoch beschränkt sie mein Leben auch und lehrt mich Disziplin. Ständig wird vieles aussortiert und beiseitegelegt, was andere Menschen rund um die Uhr beschäftigt an Lebenssorgen sowie mit der Arbeit für Wohlstand und Vergnügen.

Hütet euch aber, dass eure Herzen nicht etwa beschwert werden durch Völlerei und Trunkenheit und Lebenssorgen (Lk 21,34).

Noch andere Menschen gleichen dem von Dornengestrüpp überwucherten Boden: Sie hören die Botschaft zwar, doch dann kommen die Sorgen des Alltags, die Verführung durch den Wohlstand und die Vergnügungen des Lebens und ersticken Gottes Botschaft, sodass keine Frucht daraus entstehen kann (Lk 8,14 HFA).

Das bessere Leben

Nachdem ich erleben durfte, wie die Gabe Gottes mir tatsächlich „Raum" gemacht und mich auf ein Niveau von Leben gebracht hat, das ich nie für möglich gehalten hätte, muss ich leider auch sagen, dass meines Erachtens nur wenige dem Weg des Herzens folgen und den inneren Reichtum, die Gabe Gottes, die ihnen anvertraut ist, ihre Berufung, entfalten und erfüllen. Fast alle, so ist mein Eindruck, haben ihr inneres Leben „beschwert und erstickt durch Lebenssorgen, die Verführung durch den Wohlstand und die Vergnügungen". Sie gehen ganz den Weg der Welt, machen Karriere, bauen ein Haus und können sich zweimal im Jahr einen Urlaub leisten ... Das ist per se nicht „böse", jedoch frisst es häufig ihre gesamte Kraft, Aufmerksamkeit und Zeit auf. Großartige Visionen und Prophetien erfüllen sich reihenweise nicht, weil die Berufenen sich nicht von ganzem Herzen, ganzer Seele, ganzem Verstand und mit aller Kraft darauf einlassen. Diese Ganzheitlichkeit nennt sich LIEBE. Und LIEBE inspiriert uns stets zu einem „einfachen Leben" der Hingabe. Denn zu viel Arbeit, zu viel „Zeug", zu viel Unterhaltung usw. führen stets zu einer Dämpfung der Liebe. Jedes Liebespaar wird dies bestätigen.

Besser *wenig mit Gerechtigkeit als viel Einkommen mit Unrecht* (Spr 16,8).

> ***Besser*** *ein Armer, der in seiner Lauterkeit lebt, als ein Verschlagener, der auf zwei Wegen geht und dabei reich ist* (Spr 19,1).
>
> ***Besser*** *ein trockener Bissen und Ruhe dabei als ein Haus voller Festspeisen und Streit dabei* (Spr 17,1).

Diese Bibelstellen über das „Besser" finden sich in den Sprüchen zuhauf. In diesen drei Zitaten finden wir auf der Seite des „besseren Lebens" die Attribute *Ruhe, Lauterkeit und Gerechtigkeit*. Auf der anderen Seite stehen *Streit, Verschlagenheit und Unrecht*. Wir können uns vorstellen, wie unterschiedlich die Welten sind, die aus diesen Eigenschaften entstehen. Wie begehrenswert ist die Welt der Ruhe, der Lauterkeit und Gerechtigkeit, wie schrecklich die der Konflikte, Verschlagenheit und des Unrechts, das zum Recht erklärt wird ...

Noch einmal der Wikipedia-Artikel zu den „einfach Lebenden" unter der Rubrik „Spiritualität":

> Viele Religionen sehen die Einfachheit seit ihrer Gründung ebenfalls als erstrebenswertes Ziel oder gar als einzigen Weg zur Erfüllung. So propagierten alle großen religiösen Anführer ein einfaches Leben; dazu zählen Laozi, Konfuzius, Zarathustra, Siddhartha Gautama, Jesus und Mohammed.
> Innerhalb des Christentums sind vor allem Benedikt von Nursia und Franz von Assisi für ihr Leben in freiwilliger Einfachheit bekannt. Vor allem in religiösen Ordensgemeinschaften und deren Klöstern spielt der Verzicht auf die Anhäufung materieller Güter eine wichtige Rolle.
> Aber auch unabhängig von Religionen entscheiden sich manche aus spirituellen Gründen für ein Leben in freiwilliger Einfachheit. Begründet wird das dann beispielsweise damit, Gott „näher sein" zu wollen. Zu erkennen ist das beispielsweise an der typischen Ausgestaltung spiritueller Retreats, welche für die Gäste oftmals einer zeitlich begrenzten Führung eines einfachen Lebens gleichkommen.

> Mäßigung gehört zu den Tugenden des Christentums. In vielen Klöstern wird auf Einfachheit besonderer Wert gelegt.[8]

Der berühmt gewordene Pater Anselm Grün, dem bereits eine eigene Wikipedia-Seite gewidmet ist, praktiziert ein einfaches Leben. Dennoch hält er etwa 200 Vorträge im Jahr und hat 300 Bücher geschrieben mit einer Auflage von über zwanzig Millionen. Einfachheit, Ordnung, Gesammeltheit und Integrität strahlen von ihm aus. „Der Benediktinerabt Notker Wolf bescheinigt Grün große persönliche Anspruchslosigkeit: ‚Seine Bücher haben Millionenauflagen, er könnte sehr reich sein, aber er braucht für sich keine 50 Euro Bargeld im Monat.'"[9]

„Grün ist auch Herausgeber der Monatszeitschrift *Einfach leben. Ein Brief von Anselm Grün*, die seit April 2006 im Freiburger Verlag Herder erscheint und Tipps zur Spiritualität und Lebenskunst auf christlicher Basis bietet."[10] Über diesen Brief heißt es auf seiner Webseite:

> Wir haben alles im Überfluss und doch manchmal das Gefühl: Vielleicht wäre weniger mehr? Zufriedenheit, Glück und nachhaltige Freude wachsen mit dem Wohlstand nicht mit. Wie könnten wir besser leben? Was brauchen wir wirklich? Nach einer Umfrage des Allensbacher-Instituts würden viele gerne einfacher leben. Aber was ist unter einem einfacheren Leben zu verstehen? Und wie kann es gelingen?
> Antworten darauf bietet *einfach leben – Ein Brief von Anselm Grün*. Die Zeitschrift inspiriert dazu, den Alltag bewusster und achtsamer zu gestalten. Das Leben soll nicht nur gemeistert, sondern auch mit Sinn gefüllt werden. Einfach leben bedeutet: gesünder leben und die Balance von Leib und Seele finden. Sich nicht verzetteln und zerstreuen, sondern auf das Wesentliche konzentrieren. Herausfinden, was uns wirklich gut tut und sich

---

[8] Wikipedia, s.o.

[9] Wikipedia, Stichwort „Anselm Grün"

[10] dto.

mit dem befassen, was positive Energien freizusetzen vermag. Autor der Texte ist der bekannte Benediktinermönch Pater Anselm Grün.[11]

Das schöpferische Leben

Das heilige Leben, verankert im „innersten Heiligtum, in dem Allerheiligsten hinter dem Vorhang im himmlischen Tempel" (vgl. Hebr 6,19 GNB), jagt weniger den irdischen, als vielmehr den himmlischen Gütern hinterher. Sie stehen im Zentrum und das Irdische ist das Beiwerk, nicht umgekehrt. Dabei versichert uns Gott, dass wir es uns „leisten" können, uns um die himmlischen Realitäten zu drehen, weil er sich parallel dazu um unsere physischen Bedürfnisse kümmert.

Meine diesbezügliche Erfahrung ist, dass ich am Anfang meines Glaubensweges versuchte, Gott in *mein* Leben zu integrieren. Das lief nicht gut. Dann erkannte ich das Geheimnis des „In-Christus-Seins". Das heißt, ich sah mich gerufen, mich in Jesu Leben zu integrieren. Das erforderte ein ständiges „Mich-Loslassen" und „Ihn-Anschauen". Der Blickwechsel von mir selbst mit all den Unmöglichkeiten, Sünden, der inneren Verwaisung und all den Ängsten hin zu Jesus, der voller Möglichkeiten, Furchtlosigkeit, Güte und Kraft steckt, wirkte Wunder. Die äußeren Dinge verloren an Wichtigkeit, die inneren wurden bedeutungsvoller.

> *Deshalb ermatten wir nicht, sondern wenn auch unser äußerer Mensch aufgerieben wird, so wird doch* ***der innere Tag für Tag erneuert****. Denn das schnell vorübergehende Leichte unserer Bedrängnis bewirkt uns ein über die Maßen überreiches, ewiges Gewicht von Herrlichkeit,* ***da wir nicht das Sichtbare anschauen, sondern das Unsichtbare****; denn das Sichtbare ist zeitlich, das Unsichtbare aber ewig* (2 Kor 4,16-18).

[11] Der Monatsbrief von Anselm Grün, www.herder.de/el

Dann entdeckte ich, dass die sichtbare Welt aus der unsichtbaren heraus entsteht (vgl. Hebr 11,3). Ich erkannte, dass Absichten und Worte sehr mächtig und schöpferisch sein können. Ich begann – aus der Verbindung mit Gott heraus – mein Leben selbst zu bestimmen. Eine gewaltige Herausforderung und umwerfende Erfahrung, die mich allerdings auch in eine ungekannte Verantwortung brachte, die mit der Vollmacht einhergeht, mein Leben inklusive seiner äußeren Gestalt zu bestimmen. Dabei suche ich stets die Übereinstimmung zwischen Innen und Außen, also „wie im Himmel, so auf Erden". Denn *mein* Leben ist ein heiliges Projekt ...

Immer wieder will das Ego das Ruder übernehmen und sich in den irdischen Angelegenheiten verlieren und dort seine „wichtigen" Dramen inszenieren. Mein wahres Selbst aber geht ins Gebet und träumt, visioniert, kreiert und erschafft dort gemeinsam mit dem Vater, dem Sohn und dem Heiligen Geist eine Welt nach Art des Paradieses. So sicher „wie das Amen in der Kirche" entsteht diese Welt dann auch Stück für Stück und Schritt für Schritt um mich her, es ist ein beglückender Prozess. Wie aus dem „Nichts" heraus erscheint eine neue Schöpfung.

Leider werde ich in diesem „Dienst", den Himmel auf die Erde zu bringen, immer wieder nachlässig und muss turnusmäßig mit neuer Entschlossenheit dahin zurückkehren. Alles in dieser „alten" Welt steht der „neuen" entgegen, beansprucht unsere Zeit, Kraft und Aufmerksamkeit. Stets schwimmt der „Heilige" gegen den Strom, um bei der Quelle zu bleiben.

Kapitel 9

Heilige Hände

Ich will nun, dass die Männer an jedem Ort beten,
indem sie heilige Hände aufheben
ohne Zorn und zweifelnde Überlegung.

1. Timotheus 2,8

Zuerst die Männer

Es ist interessant, dass zuerst die Männer zum Gebet aufgerufen sind. Ich kenne nur das umgekehrte Verhältnis (Stichwort „Spiegeluniversum"), dass es mehrheitlich die Frauen sind, die in den Gebetstreffen sitzen. Sie sind darin treu und erkennen offenbar die absolute Notwendigkeit von Gebet. Die Männer opfern in der Regel alles für die Arbeit – inklusive ihrer Frauen, ihrer Gesundheit und des Gebets. Himmel und Erde können vergehen, sie bleiben in ihrem Geschäft. Die wenigen Männer, die kommen, sind oft Rentner. Jetzt haben sie Zeit für „sowas". Die Jüngeren schlafen nicht selten ein, denn sie leben ja in der ihnen von der Gesellschaft vorgesehenen Rolle des durchterminierten, dauergestressten Leistungserbringers. Vergessen wir nicht: So viel, wie wir da zum Opfer unserer Lebenszeit und -kraft „verdienen", gibt Gott den Seinen im Schlaf (vgl. Ps 127,2). Was immer diese Psalmworte in uns auslösen mögen, vielleicht Kopfschütteln, Ärger, Unglauben usw. sollten wir einmal für uns ganz persönlich im Gebet vor Gott bewegen. Vielleicht tun sich uns, wenn wir einmal die Abwehr gegen solche „Naivität" fallen lassen, ganze Kronleuchter *über eine andere Möglichkeit zu leben* auf.

Um herauszufinden, ob es tatsächlich so gemeint ist, wie es geschrieben steht, habe ich seinerzeit den Test gemacht und meine Lohnarbeit (Krankenpflege) Stück für Stück reduziert. Der Zeitgewinn und die Entlastung taten riesig gut!

Sämtliche Kollegen schauten mich indes fragend an. Sie konnten nicht nachvollziehen, wieso ich reduzierte, anstatt aufzustocken. Für sie galt das Credo: Mehr zu arbeiten, um mehr zu verdienen, ist besser als umgekehrt. Ich aber erlebte eine Art „Revolution des Gebets". Gott tauchte mich tiefer hinein in den Geist und die Wahrheit, da ich der Offenbarung dieser Aspekte auch mehr Zeit und Aufmerksamkeit widmete. Dabei entdeckte ich gewaltige himmlische Dimensionen, die alle eine positive und transformierende Wirkung auf mich und mein Haus hatten – und nicht nur auf meines –, welches unter dem heiligen Einfluss jener Dimensionen und Wirkungen „nur aufstieg und nicht hinuntersank" (vgl. 5 Mose 28,13). Kommt das Reich Gottes zum Zug, regelt sich vieles wie von selbst. Rational war es nicht zu erklären, aber mit dem Wort Gottes schon. Heißt es doch, dass wenn wir an erster Stelle nach dem Reich Gottes und seiner Gerechtigkeit trachten, uns alles andere hinzugefügt wird (vgl. Mt 6,33).

Heißt das nun, ich hätte mir die Ausbildung und Arbeit gleich ganz ersparen können? Nein, denn das Krankenhaus war, angefangen mit dem Zivildienst, ein unglaubliches Trainingsfeld für meinen Glauben, meine Hoffnung und Liebe. Ich sah dort ständig Leben und Tod und kann nur einem jeden das Buch „Die fünf Geheimnisse, die sie entdecken sollten, bevor sie sterben" von John Izzo[1] oder den Spiegel-Bestseller der australischen Palliativkrankenschwester Bronnie Ware,

---

[1] Goldmann-Verlag 2010.

„Fünf Dinge, die Sterbende am meisten bereuen“[2], bestätigen und empfehlen. Für mich war klar, dass Gott mich aus vielerlei Gründen in die überaus stressige Krankenpflege steckte, was ich mir freiwillig nicht ausgesucht hätte. Jedoch ging es Gott in seiner persönlichen Art von Ausbildung, die er mir angedeihen ließ, nie um Geld.

Von Jahr zu Jahr ist es eine „Glückseligkeit“, zu erleben, wie das Wort sich erfüllt und wir *„in allem allezeit alle Genüge haben und überströmen zu jedem guten Werk“* (vgl. 2 Kor 9,8). So einen Bibelvers *zu kennen* ist das eine, *in ihm zu leben*, etwas anderes.

Ein wesentlicher Teil des heiligen Lebensstils, den Gott mir ermöglichte und beibrachte, bestand darin, *„an jedem Ort zu jeder Zeit heilige Hände aufzuheben und zu beten“* (1 Tim 2,8). Am Anfang kostete mich das große Überwindung, auch fehlte mir die Kraft dazu, die Arme überhaupt oben zu halten. Aber mit dem Entschluss, Herz *und Hände* zu Gott aufzuheben, kam Kraft und ging es immer besser, wurde zur Regel und schließlich zu einem Dienst.

Ja, das Gebet kann eine anspruchsvolle Arbeit sein, und ich würde jeder Gemeinde empfehlen, wenn möglich Beter anzustellen, denn das könnte das komplette geistliche Niveau anheben. Ernsthaft. Mit dem anhaltenden Gebet kommt die Gegenwart Gottes, kommt Führung, kommt Offenbarung, kommen die Geistesgaben, öffnen sich Türen, geschehen Befreiungen und Erfüllungen, *manifestiert sich Heiligkeit*. Dies alles geschieht weniger durch Gottesdienste, Liturgien und die Predigt, sondern vielmehr durch Gebet. Der „Chef“ hat es so gesagt: *„Mein Haus (Tempel) soll ein Haus des Gebets sein für alle Völker!“* (Lk 19,46; vgl. Jes 56,7).

[2] Goldmann Verlag 2015.

Gewohnheit, Geselligkeit, ein wenig beten ...

Rainer Harter zitiert in seinem Buch „Majestät“ den Bischof von Passau, Stefan Oster, der nach dem Besuch einer Messe deutliche Worte fand:

> Ich hatte im Grunde zu keiner Minute den Eindruck, dass die Gläubigen hier einzeln oder als Gemeinschaft dem Heiligen begegnen, geschweige denn, dass sie sich vorher darauf vorbereitet oder ihm einen inneren Nachhall durch Verweilen gegeben hätten. Es war einfach irgendwie wie immer, sonntags in der Kirche: Gewohnheit, Geselligkeit, ein wenig beten ... hier in dieser Kirche war ... kaum mehr als routinierte Beiläufigkeit, ein Versammlungssaal, ein vertrautes Ritual, das möglichst unkompliziert im Raum der Diesseitigkeit bleiben darf. Es ist äußerlich irgendwie richtig, aber es ist hoffnungslos richtig, es hatte nämlich so gar nichts von Heiligkeit.[3]

Ja, der Kirche, dem „Haus des Gebets“, fehlt heute paradoxerweise oft nichts mehr als eben das Gebet, obwohl es so klar in der Bibel steht und so ausdrücklich von Gott verlangt wird! Auch wenn das Neue Testament eine überwältigende Betonung auf das Gebet legt, führt dieses in der Regel ein Schattendasein und ist nebensächlich. Im Vordergrund der Gemeindearbeit steht alles andere, aber nicht das Gebet. Sollte es eine Gebetsstunde geben, finden wir dort in der Regel ein paar ältere Damen, die diesen Dienst aufrechterhalten. Von Männern, die heilige Hände aufheben, keine Spur. Sollte sich doch einmal einer dorthin verirren, sitzt er gebeugt, seine Hände hängen schlaff. Ob er eingeschlafen ist, lässt sich nicht mit Sicherheit sagen, aber seine Anwesenheit glänzt durch Passivität. Dass einer aufsteht und die Hände mit Sehnsucht nach Gott erhebt bis zum Thron der Gnade (vgl. Hebr 4,16), um von dort alles herunterzuholen, was es braucht, um eine herrliche,

[3] R. Harter, s. o., S. 59.

mächtige, fruchtbare und wirkungsvolle Gemeinde zu sein, ist die Ausnahme von der Regel.

Hebt die Hände auf!

Das berühmteste Beispiel der zum Thron erhobenen Hände ist Mose, der auf einem Berg (Feldherrenhügel) stand und seine Hände samt seinem Stab über das Tal ausstreckte, in dem Israel gegen Amalek kämpfte (vgl. 2 Mose 17). Ließ er die Arme sinken, gewann sogleich Amalek die Oberhand, hielt er jedoch stand, kam Israel voran. Schließlich setzten Aaron und Hur Mose auf einen großen Stein und stützten seine Arme, bis der Sieg errungen war. Wie klug von ihnen!

Heilige sind Menschen, die in ihrem Inneren von Gott aufgerichtet wurden; sie sind wieder aufrecht und werden mit Kraft und Würde gekleidet. Sie können nicht mehr zusammengekauert beten, sondern müssen einfach aufstehen, aufatmen, sich bewegen und ihre Hände zu Gott erheben. Darüber schrieb ich in meinem Buch „Haus des Gebets"[4]:

> Der Anblick des sorglosen Gottes wird uns zunächst die Sprache verschlagen, weil wir den Zustand der Sorglosigkeit mit unserer Kinderzeit verloren haben. Dann wird Gott unseren Mund auch mit Lachen füllen, welches wir ebenso lange nicht mehr gekannt haben. Wir machen in der Nähe Gottes die unmittelbare Erfahrung, dass „alles vollbracht" ist. Darin finden wir eine solche Ruhe, wie sie auf Erden nicht zu finden ist – nur vielleicht unter Drogen. Wir werden leicht und beschwingt wie Kinder.
> Jetzt fällt es uns leicht, die Hände zu heben und uns zu strecken. Ob wir mit anderen zusammen beten oder alleine zuhause sind, wir fühlen uns leicht und frisch, wollen im Gebet aufstehen und umhergehen. Die alte Haltung, gebeugt dazusitzen

---

[4] „Haus des Gebets", GloryWorld-Medien, Xanten, 2009, S. 85. Das Gebet hat viele Facetten, denen ich in diesem Buch nachgehe. Darum halte ich mich hier kurz.

wie ein Häufchen Elend („andächtig"), gefällt uns nicht mehr. Wir sind aus dem Elend aufgebrochen und machen endlich neue Erfahrungen mit Gott, die uns beflügeln. Unser Singen wird lauter, voller und intensiver. Unser Körper wird in die Anbetung einbezogen und kommt in Schwung."

Keines meiner Bücher empfehle ich mehr als dieses, denn ohne intensives und hingegebenes Gebet gibt es keine Heiligung. Weder von uns selbst noch von unserer Gemeinde. Heiligkeit bleibt ein blasser, religiöser Begriff, der in der Erfahrung der Gläubigen faktisch nicht vorkommt. Sie identifizieren sich nicht damit. Die Heiligen aber sehen den Sinn ihres Glaubens genau in dieser Identifikation mit Gott und seiner Erlösung, mit seinem Himmel und Thron. *Sie gehören dazu!* Vorher standen sie draußen, jetzt drinnen; vorher betrieben sie Religion, jetzt leben sie. *Wir werden immer das ausleben, womit wir uns identifizieren.*

Sehen wir uns wirklich als eine Rebe am Weinstock an, die dessen Leben in Form von Frucht zum Ausdruck bringt, oder als Glied des Leibes Christi, welches sein Leben verstoffwechselt, dann produzieren wir Heiligkeit, weil wir in der Heiligkeit stecken und aus ihr heraus leben und ihre Frucht bringen. Für die Heiligen ist dies die Art, wie sie das Christsein verstehen und dessen Sinn auffassen. Jesus, der Heilige, ruft sie an seine Seite, wie könnten sie da *nicht* heilig werden? Noch mehr, nimmt er sie in sich hinein, macht sie zu einem organischen Teil von sich selbst, wie könnte da nicht sein Heil durch sie fließen? Es presst sich geradezu durch sie hindurch und aus ihnen heraus!

Unsere „heiligen Hände" heben sich zum Thron Gottes empor, um seine Herrlichkeit zu empfangen und weiterzugeben. Sie legen sich auf die Kranken, um sie zu heilen, sie greifen zu den geistlichen Waffen, um die unheiligen Mächte in dieser Welt zurückzudrängen. *Die Heiligen sind sehr beschäftigt mit der Ausbreitung des Heils!*

> *Höre die Stimme meines Flehens, wenn ich zu dir schreie, wenn ich meine Hände aufhebe zu deinem heiligen Tempelraum* (Ps 28,2).
>
> *Ich will dich ehren, solange ich lebe, und meine Hände im Gebet zu dir erheben* (Ps 63,5 NLB).
>
> *Mein Auge verschmachtet vor Elend. Zu dir rufe ich, HERR, den ganzen Tag. Ich strecke meine Hände aus zu dir* (Ps 88,10).
>
> *Lass als Rauchopfer vor dir stehen mein Gebet, das Erheben meiner Hände als Speisopfer am Abend* (Ps 141,2).
>
> *Zu dir breite ich meine Hände aus. Gleich einem lechzenden Land schmachtet meine Seele nach dir!* (Ps 143,6).
>
> *Die Glaubenden aber werden an folgenden Zeichen zu erkennen sein: In meinem Namen werden sie böse Geister austreiben und in unbekannten Sprachen reden. Wenn sie Schlangen anfassen oder Gift trinken, wird ihnen das nicht schaden,* ***und Kranke, denen sie die Hände auflegen, werden gesund*** (Mk 16,17-18 GNB).

Ein Kommentar zur Frage: „Was bedeutet das Händehochheben im Lobpreis?" auf *gutefrage.net* lautet:

> Es ist die Gebetshaltung der frühen Christen, wie sie im Judentum und in vielen antiken Religionen üblich war. Man „reicht" sozusagen in den Himmel hinauf, wo man Gott oder die Götter vermutet. Die Gebetshaltung mit gefalteten Händen hat sich erst im frühen Mittelalter durchgesetzt, v. a. durch die Christianisierung von Mittel- und Osteuropa, wo das Knien mit gefalteten Hände ein Symbol dafür ist, dass man sich seinem Herrn „angelobt", soll heißen, dem Lehnsherrn Treue schwört und bekennt, dass man zu diesem gehört.

Dem Heben unserer Hände geht das Heben unserer Herzen voraus. Unser inneres Auge schaut weg von uns selbst hin auf

Jesus, „den Anfänger und Vollender unseres Glaubens“ (vgl. Hebr 12,2). Wunderbar sind in diesem Zusammenhang die bekannten Verse aus Psalm 121,1-2:

> *Ich hebe meine Augen auf zu den Bergen. Woher wird meine Hilfe kommen? Meine Hilfe kommt vom HERRN, der Himmel und Erde gemacht hat.*

Richten sich unsere Herzensaugen nach oben, folgen die Hände wie von alleine. Unser ganzes Wesen streckt sich aus nach Gott und sucht seine Nähe. Das ist die Essenz von Heiligung.

Gebetshäuser

Da in vielen Gemeinden das Gebet schwach ist, trachten die Heiligen danach, es anzufachen. Wenn das in der Kirche nicht hinreichend funktioniert, was leider recht häufig der Fall ist, bilden sie eigene, informelle Gebetskreise. Da der Geist kein Interesse an Formeln, Lizenzen und Klerikern hat, sondern Menschen mit Gott erfüllen möchte, bringt er sie unter diesem Anliegen zusammen und treibt sie ins Gebet. Die Grenzen von Gemeinden und Denominationen spielen dabei keine Rolle, sondern diese Getriebenheit vom Geist.

> *Der Wind weht, wo er will, und du hörst sein Sausen, aber du weißt nicht, woher er kommt und wohin er geht; so ist jeder, der aus dem Geist geboren ist* (Joh 3,8).

> *Aber es kommt die Stunde und ist schon jetzt, dass die wahren Anbeter den Vater anbeten werden im Geist und in der Wahrheit; denn auch der Vater will solche Anbeter haben. Gott ist Geist, und die ihn anbeten, die müssen ihn im Geist und in der Wahrheit anbeten* (Joh 4,23).

Nicht alles Gebet ist „in Geist und Wahrheit“ oder „aus dem Geist geboren“. Vieles ist religiös, menschengemacht und traditionsgebunden. Oft fehlen das Feuer und die Leidenschaft, die Sehnsucht nach Gott und Verzweiflung über den Mangel an seiner Gegenwart in unserer Mitte.

Gebetskreise stützen sich auf das Wort Jesu in Matthäus 18,20: *„Denn wo zwei oder drei versammelt sind in meinem Namen, da bin ich mitten unter ihnen."* In dieser schlichten Aussage ist nicht die Rede von einem Kirchengebäude, einer vorgegebenen Struktur, Gemeindemitgliedschaft und einer vorgesetzten Leiterschaft, die nötig sind, sondern von dem Namen Jesu, um den es geht, und seine Präsenz in unserer Mitte. Wo sie ist, wollen die Heiligen sein, denn sie ist alles, was sie brauchen: die Quelle des Lebens, des Geistes und der Wahrheit ist IN CHRISTUS. Das schließt als Quelle alles andere aus, sei es auch noch so gut gemeint. So geradezu gotteslästerlich es in manchen frommen Ohren auch klingen mag, sind die Wahrheit, der Geist und das Leben nicht per se in der Bibel (*„Denn der Buchstabe tötet, der Geist aber macht lebendig";* 2 Kor 3,6), nicht in der Gemeinde oder Kirche, nicht in Gottesdiensten und Predigten zu finden, sondern IN IHM:

> *Denn **in ihm** wohnt die ganze Fülle der Gottheit leibhaftig; und ihr seid **in ihm** zur Fülle gebracht* (Kol 2,9-10).

Wenn wir die ganze Fülle Gottes finden wollen, müssen wir an der richtigen Stelle danach suchen. Sie ist ausschließlich „in Christus". IN IHM werden wir zur Fülle gebracht. Alles andere ist Beiwerk. Dieses kann sehr nützlich sein oder aber im Wege stehen. Das Geheimnis des glücklichen Christenlebens ist „Christus in uns und wir in ihm". Dieses Ineinandersein ist der Schlüssel zur Fülle Gottes. Nirgends erschließt sich uns dieses Geheimnis mehr und dreht sich der Schlüssel im Schloss realer als im Gebet. Millionen von Christen haben es im Gebet gezeigt bekommen. Sie fanden sich selbst im Heiligtum wieder und sahen von dort ausgehend Schlüssel über Schlüssel, die ihnen gegeben wurde, um überall in der Welt Türen für die Fülle Gottes zu öffnen.

Aus manchen Gebetskreisen werden Gebetshäuser, die ein Maß an Gebet organisieren, dass anhaltend und wirkungsvoll ist. Da sie nicht den Ballast einer umfänglichen Gemeindearbeit mitschleppen, bleiben sie fokussiert und beweglich. Das Gebetshaus Köln[5] formuliert seine Vision so:

In Einheit Erweckung erleben

- Ein Gebetshaus aller gläubigen Christen der Stadt, die aus den unterschiedlichen Konfessionen und Gemeinden zusammenkommen. Ein Ort der Einheit, einer Einheit in Vielfalt. Ein Ort der Versöhnung, des Respekts und der gegenseitigen Wertschätzung. Gemeinsam dienen wir unserer Stadt und werden ihr zum Segen.
- Ein Ort des Gebets mitten in der Stadt. Ein Ort, an dem Gott gelobt und gepriesen wird. Ein Ort der Anbetung und der Fürbitte. Ein Ort, an dem Lobpreis und Gebet 24 Stunden am Tag, 7 Tage in der Woche nicht mehr aufhören.
- Wir erwarten große geistliche Veränderungen und Durchbrüche in Köln, im Rheinland und in ganz Deutschland. Wir erwarten, dass Gottes Wille geschieht, dass sein Reich sich mehr und mehr ausbreitet.

Das Gebetshaus Wetzlar[6] schreibt:

Wir sind ein bunt gemischtes Team von Menschen aus ganz unterschiedlichen Wetzlarer Gemeinden, unterschiedlichen Altersgruppen und Lebenswirklichkeiten – doch uns alle eint dieselbe Leidenschaft: die Leidenschaft fürs Gebet und vor allem für den, der aller Anbetung würdig ist: Jesus Christus.
Es ist unser Herzensanliegen, mitten in Wetzlar einen Ort zu schaffen, wo sich Christen und Christinnen unabhängig von ihrer Konfession, Generation und Herkunft willkommen fühlen

[5] www.gebetshaus-koeln.de

[6] www.gebetshauswetzlar.de

> und in Einheit vor ihren Gott kommen können: Singend. Betend. Schweigend. Tanzend. Sitzend. Stehend. Wie auch immer.

Ähnlich formulieren es andere Gebetshäuser. Eine Liste findet man unter **www.gebet24.com/deutschland.** Dort sind derzeit 74 Häuser aufgelistet, aber wir können davon ausgehen, dass es noch viele andere gibt, die dort nicht erfasst sind, und zudem eine hohe Dunkelziffer, die über keine öffentlichen Anzeigen oder Webseiten verfügen. In den letzten Jahren ist das Empfinden der Notwendigkeit von Gebetstreffen und -häusern enorm angewachsen. Sie bilden meines Erachtens das Rückgrat der kommenden Erweckung, um die es den Betern stets geht: dass Gott viele Menschen wachrüttelt und sie zur Besinnung kommen. Dass der Weg hinein „in Christus" betend offengehalten und bewacht wird. In welche Gemeinde jemand geht, nachdem er diesen Weg gefunden hat, steht auf einem anderen Blatt.

Es war vor vielen Jahren, dass ich im Gebet folgende Botschaft empfing, in der es um die Bedeutung der Gebetshäuser ging:

> Es kann so etwas wie Häuser des Gebets geben und es muss sie geben. Ihre Existenz erfüllt den Auftrag, Raum zu schaffen für mich. Da die „normale" Gemeinde das nur bedingt tut und dazu kaum in der Lage ist, braucht es Häuser des Gebets. Sie werden immer wichtiger. Dort muss man nicht angestrengt für etwas mehr Gebet kämpfen, da es ja ausschließlich um Gebet geht. Diese Häuser müssen das Land überziehen. Von dort aus bildet sich eine andere Kultur aus. Eine Kultur des Gebets. Alle wahre, gute und aufbauende Kultur geht von solchen Orten aus. Gesunde Kreativität, gesunde Menschlichkeit erwächst nur aus Gebet. Dort ist die höhere Inspiration, die höhere Moral, die höhere Liebe usw. *„Denn meine Wege sind höher als eure Wege und meine Gedanken höher als eure Gedanken"* (vgl. Jes 55,9). Sie führen Menschen zu Größe.
>
> Ich erwecke Gebet für Deutschland. Nicht stolzes Gebet der Eigenmächtigen, sondern selbstloses Gebet der Demütigen. Dies ist neu im Lande der Macher.

Gebetshäuser müssen das Land überziehen und meine Gegenwart zurückbringen. Gebet – priesterliches Gebet – ist von größter Priorität in dieser Stunde. Irgendetwas Religiöses machen ohne anhaltendes Gebet – wie das bei euch so ganz normal ist – wird kollabieren und sogar eine Schande werden. Die Verwirrung darauf wird sich ins Unerträgliche steigern. Aber manche wollen bis zum Zusammenbruch „machen" und nicht beten.

Vom Händeauflegen

Wir sollen unsere Hände nicht nur aufheben, sondern auch auflegen. Stellen wie Apostelgeschichte 8,18 oder 2. Timotheus 1,6 legen nahe, dass durch das Auflegen der Hände Gottes Macht übertragen werden kann. Über das Händeauflegen auf die Kranken, um sie zu heilen, lasen wir schon im Zusammenhang mit dem Missionsbefehl. Tatsächlich wird das Auflegen der Hände im Hebräerbrief zu den *Grundlagen* des heiligen Lebensstils erklärt:

> *Ich will mich also nicht noch einmal mit den grundlegenden Themen befassen wie der Abkehr vom Götzendienst und der Hinwendung zum wahren, lebendigen Gott, der Taufe und* ***der Handauflegung****, der Auferstehung der Toten und dem letzten Gericht* (Hebr 6,1b-2 GNB).

Eine ritualisierte Form von Handauflegung in sakralen, den Priestern vorbehaltenen Rahmenbedingungen, finden wir im Neuen Testament meiner Meinung nach nicht. Wir alle sollen mit den Grundlagen des Glaubens so vertraut sein, dass wir wissen, worum es dabei geht und wie sie praktisch sowie im Alltag anzuwenden sind.

Ich habe festgestellt, dass da, wo die Hände nach Gewohnheit nicht gehoben werden, da werden sie nach Gewohnheit auch nicht aufgelegt. Weder die empfangende noch die weitergebende Haltung wird eingenommen, weil auch der

DIENST des Holens der Gaben vom Thron der Gnade mit ihrer nachfolgenden Weitergabe in vielfältigen Segenshandlungen nicht als allen Gläubigen aufgetragen (an)erkannt wird.

Wenn du dir deine Hände einmal unter diesen Gesichtspunkten anschaust, geht dir vielleicht ein „heiliges“ Licht darüber auf, was du im Namen Jesu und in der Kraft des Heiligen Geistes alles mit ihnen tun kannst!

Die Wissenschaft hat herausgefunden, dass wir viel mehr mit unseren Händen „sprechen“, als uns bewusst ist. Die Gestik macht einen großen Teil der Kommunikation aus und *zeigt* oft ehrlicher, was wir meinen, als es unser Mund *sagt*.

> *Ich sprach: Hier bin ich, hier bin ich!, zu einer Nation, die meinen Namen nicht anrief.* ***Ich habe den ganzen Tag meine Hände ausgebreitet zu*** *einem widerspenstigen Volk, zu solchen, die auf dem Weg, der nicht gut ist, ihren eigenen Gedanken nachlaufen* (Jes 65,1b-2).

Wie könnte die Reaktion auf eine solche Geste Gottes anders ausfallen, als dass auch wir unsere Hände ausstrecken und rufen: „Hier sind wir!“?

Kapitel 10

Keine anderen Götter

Du sollst keine anderen Götter haben neben mir.
Du sollst dir kein Götterbild machen
irgendein Abbild dessen,
was oben im Himmel oder was unten auf der Erde
oder was im Wasser unter der Erde ist.
Du sollst dich vor ihnen nicht niederwerfen
und ihnen nicht dienen.

5. Mose 5,7-9

Die Heiligen stehen in einem anhaltenden Konflikt mit den „Götzen", den *falschen Göttern* also, die auf allen Ebenen der Gesellschaft ihre Altäre stehen haben, an denen Opfer gebracht werden. Wir sprachen schon von der „Leistungsgesellschaft", die sich selbst in den kollektiven Burnout stürzt, um bloß genug zu arbeiten, um sich *was leisten* zu können. Das soll ein gewisses *Ansehen* sichern, „es geschafft zu haben", eine *Position* auf der Karriereleiter erlangt zu haben und entsprechend gut *Geld zu verdienen*. Alle diese Begriffe – Leistung, Ansehen (Prestige), Position und Geld (Mammon) – sind in unseren westlichen Gesellschaften eindeutig Götzen, denn wir dienen ihnen mit unserem Leben und erwarten von ihnen das Heil. Wir könnten heute auch *die Wissenschaft* dazunehmen, an der sich alles zu orientieren hat. Für manche mag es auch die *Tagesschau* sein, die unhinterfragt als Quelle der Wahrheit angesehen wird ...

Götzendienst

> Das Verehren und Anbeten eines Götzen oder Gottesbildes wird als „Götzendienst" bezeichnet. Das wohl bekannteste Beispiel aus der Bibel ist die Verehrung des „Goldenen Kalbes", während Mose auf dem Berg Sinai die Gesetzestafeln empfängt (vgl. Exodus 32). Nach Erich Fromm überträgt der Götzendiener seine eigenen Eigenschaften teilweise auf seinen Götzen bzw. Dämonen. Dem Götzen unterwirft sich der abergläubische Mensch, er betet ihn an und bringt ihm Opfer, um die projizierten Eigenschaften verstärkt zurückzuerhalten ...
> Je mehr Eigenschaften der Mensch in einen Götzen projiziert, umso mehr seiner Freiheit opfert er dem irrationalen, dämonischen Glauben. Nicht nur traditionelle Gottesbilder wie das „Goldene Kalb" können vergöttlicht und als Götzen gesehen werden, sondern auch Erscheinungen wie der Staat, die Nation, ein charismatischer Führer, der Fortschritt, der Konsum, die Technik, Reichtum, Schönheit oder sonstige Symbole der Macht.[1]

Leben in der Matrix

Vieles kann ein Götze werden, uns abhängig von sich machen und ein „Glück", eine „Erfüllung", „Macht und Kraft", „Orientierung und Führung" sowie ein „Leben" versprechen, was sich jedoch stets als Täuschung bzw. Fiktion herausstellt. Jeder kann bei sich selbst nachschauen, was seine Götzen sind. „Als Götze gilt nach Martin Luther in einem erweiterten Sinne alles, ‚woran der Mensch sein Herz hängt', wie beispielsweise der Mammon, oder im Sinne von ‚eine Anzubetende', eine

---

[1] Wikipedia, Stichwort „Götze", 17.2.23.

schöne Frau."[2] Als Christen haben wir den Vorteil, dass der Heilige Geist uns bei der Identifikation unserer Götzen hilft, denn manche sind gut „getarnt" und schon so lange Teil unseres Lebens, vielleicht schon unserer Familie und der Vorfahren, dass wir sie nicht bemerken. Vier klassische Merkmale der Götzen sind:

- Die falschen Götter haben uns *falsche Glaubenssätze beigebracht*. (Das nennt man auch „Ideologie") Wir können dermaßen von ihnen überzeugt und mit ihnen identifiziert sein, dass wir sie uns nicht so leicht wegnehmen bzw. ausreden lassen!
- Gemeinsam ist den Götzen, dass sie *parasitär* sind. Sie versprechen uns Kraft, kosten sie uns aber, versprechen Reichtum und Ehre, führen aber zu Verarmung und Schande usw. Sie saugen unser Leben aus, während sie behaupten, es zu bereichern.
- Von Götzen geht ein *hypnotischer Einfluss* aus, sie „verhexen" uns, sodass wir von ihnen manipuliert und gesteuert werden, ohne es so richtig zu merken. Dem Heiligen Geist ist daran gelegen, uns aus diesem „Schlaf" aufzuwecken und immer wacher bzw. bewusster zu machen. Dann merken wir, was wir alles nicht mehr bemerkt haben, und wundern uns, denn wir hielten uns für wach und klar, informiert und wissend, während wir traumwandelten.
- Die Kunst der Götzen besteht darin, uns *in eine Kunst-Welt, eine Schein-Wirklichkeit einzubinden,* wie die Spinne ihre Opfer betäubt und lebendig einwickelt. Wir träumen vom Paradies, während wir in der Hölle sind, vom Aufstieg, während wir wie ein Stein nach unten sausen. Die Götzen erschaffen und erhalten das Spiegeluniversum, die „Matrix", die uns eine Illusion als Realität verkauft. Wir leben wie in einem Film, während uns die Wirklichkeit entgeht. Der Schein wird perfektioniert, das Sein verhüllt.

---

[2] Dto.

> *Wir wissen, dass wir von Gott stammen; doch die ganze Welt ist in der Gewalt des Teufels. Wir wissen aber: Der Sohn Gottes ist gekommen und* ***hat uns die Augen geöffnet,*** *damit wir den einzig wahren Gott erkennen. Wir sind mit dem einzig wahren Gott verbunden, so gewiss wir verbunden sind mit seinem Sohn Jesus Christus. Der ist der einzig wahre Gott, der ist das ewige Leben. Meine Kinder,* ***hütet euch vor den falschen Göttern!*** (1 Joh 5,19-21 GNB).

Ist Gott eitel?

Manche haben sich gefragt, warum Gott so „eitel“ ist, ständig darauf zu bestehen, dass er der eine und wahre Gott ist und als dieser anzuerkennen sei und angebetet werden möchte. Er tut es aber nicht um seinet-, sondern um unseretwillen. Er ist der Gott der Wahrheit, der uns ins Licht bzw. in die Wirklichkeit führt, obwohl uns die falschen Götter vormachen, sie seien etwas, während sie ein parasitäres Nichts sind und uns hinters Licht führen, anstatt hinein. Er ist unser *Schöpfer und Vater,* der weiß, wer wir sind, und es uns auch offenbaren kann. Die falschen Götter wissen es nicht und bieten uns eine Menge falscher Identitäten an. Gott steht auf unserer Seite, sucht und stärkt uns, verschafft uns einen Neuanfang und gibt uns Zukunft und Hoffnung. Die Götzen bieten uns das alle auch an, aber für welchen Preis?

Gerade fand ich zu einem Artikel von JD Heyes (naturalnews.com), dessen deutsche Übersetzung auf „telegraph“ erschien. In der Einführung wurde folgende interessante Aussage zum aktuellen Zustand unserer sozialen Medien gemacht:

> Das Aufkommen der sozialen Medien ist zum Fluch der modernen Gesellschaft geworden, **da es eine Welt geschaffen hat, die buchstäblich nicht existiert, zum größten Teil**. Vorbei sind die Zeiten von „MySpace“ und den ersten Jahren von Facebook, als die Nutzer einfach nur Statusmeldungen, Fotos von Orten, die sie besucht haben, Rezepte und andere Dinge

> posteten, um mit Familie und Freunden in Kontakt zu bleiben. Die heutige Version der sozialen Medien dient dazu, Millionen von Menschen im Minutentakt mit Lügen, Propaganda und Falschmeldungen zu versorgen. Sie wird von der Regierung und einigen Unternehmen des privaten Sektors zur psychologischen Kriegsführung eingesetzt, wie Twitter-Chef Elon Musk kürzlich mit seinen „Twitter Files" enthüllt hat.[3]

Jeder Leser wird dem wahrscheinlich beipflichten, wie intensiv die „falschen Götter“ gerade die sozialen Medien nutzen, um ihre Scheinwelten zu konstruieren und zu verbreiten. Stichwort „Metaverse“[4]. Heute ist Fake von Fakt nur schwer zu unterscheiden, die technischen Möglichkeiten, etwas real erscheinen zu lassen, was es nicht ist, sind grenzenlos. Selbst die Kommentare zu echten Ereignissen können zensurartig bestimmte Aspekte hervorheben oder unterdrücken, um die Wahrnehmung der Empfänger zu beeinflussen. Das nennt man „Framing“[5]. An der wirklichen Wahrheit scheint niemand im Besonderen interessiert zu sein. Alle beugen sie zugunsten bestimmter Interessen und Geldgeber. Aber Gott beugt sie nicht, was ihn so unbequem macht! Er „spielt das Spiel nicht mit“, und deckt jede Falschheit auf, denn er kennt auch die verborgensten Motive und Absichten hinter den werbewirksam lächelnden Gesichtern und Fassaden.

---

[3] https://telegra.ph/AUFGEFLOGEN-Die-Not%C3%A4rzte-auf-Twitter-die-behaupteten-dass-t%C3%A4glich-Horden-von-Patienten-an-COVID-sterben-waren-FAKE-01-08. Hervorhebung vom Autor.

[4] Das Metaversum … ist ein Konzept, bei dem ein digitaler Raum, der durch das Zusammenwirken virtueller, erweiterter und physischer Realität entsteht. Hauptaspekt ist es dabei, die verschiedenen Handlungsräume des Internets **zu einer Wirklichkeit** zu vereinigen (Wikipedia, „Metaversum“, 23.03.2023).

[5] Wikipedia zum Thema **Framing**: „Viele Themen sind überaus komplex, weshalb ihre Komplexität reduziert wird, wobei bestimmte Aspekte und Narrative selektiert werden. Bestimmte Perspektiven und Informationen werden hervorgehoben, andere in den Hintergrund gestellt – je nachdem von welcher Instanz wir die Themen vermittelt bekommen. Somit könnte man von einer Art „Kampf um die Deutungshoheit“ sprechen.

Ich konnte kaum meinen Augen trauen, als ich den Namen des Ladens sah: *Wahrheitsladen*. Dort wurde Wahrheit verkauft. Die Verkäuferin war sehr höflich: Welche Art Wahrheit wolle ich kaufen? Teilwahrheiten oder die ganze Wahrheit? Natürlich die ganze Wahrheit! Nichts da mit Trugbildern, Rechtfertigungen, moralischen Mäntelchen. Ich wollte meine Wahrheit schlicht und klar und ungeteilt.
Sie winkte mich in eine andere Abteilung des Ladens, wo die ganze Wahrheit verkauft wurde. Der Verkäufer dort sah mich mitleidig an und zeigte auf das Preisschild. „Der Preis ist sehr hoch", sagte er.
„Wie viel?", fragte ich, entschlossen die ganze Wahrheit zu erwerben, gleichgültig, was sie kostete.
„Wenn sie diese hier nehmen", meinte er, „bezahlen sie mit dem Verlust ihrer Ruhe und Gelassenheit, und zwar für den Rest ihres Lebens."
Traurig verließ ich den Laden. Ich hatte gedacht, ich könnte die ganze Wahrheit billig bekommen. Ich bin noch nicht bereit für die Wahrheit. Immer wieder sehne ich mich nach Ruhe und Frieden. Ich habe es noch nötig, mich mit Rechtfertigungen und moralischen Mäntelchen zu täuschen. Ich suche immer noch Schutz bei meinen nicht in Frage gestellten Anschauungen.[6]

Alles beurteilen

Der heilige Weg beinhaltet ein ständiges Hinterfragen von allem, wie wahr es tatsächlich ist. Ein Name bzw. Titel des Heiligen Geistes im griechischen Original lautet „Kritikos", der „Urteilsfähige". In der Kraft und im Licht des Heiligen Geistes durchschaut der Heilige alles; er kann es also beurteilen. Beurteilen ist dabei etwas anders als Verurteilen.

Menschen, die sich auf ihre natürlichen Fähigkeiten verlassen, lehnen ab, was der Geist Gottes enthüllt. Es kommt

---

[6] A. de Mello, s.o., S. 54.

ihnen unsinnig vor. Sie können nichts damit anfangen, weil es nur mithilfe des Geistes beurteilt werden kann.
Wer dagegen den Geist hat, kann über alles urteilen, aber nicht von jemand beurteilt werden, der den Geist nicht hat.
Es heißt ja in den Heiligen Schriften: „Wer kennt den Geist des Herrn? Wer will sich herausnehmen, ihn zu belehren?"
Und das ist der Geist, den wir empfangen haben: der Geist von Christus, dem Herrn (1 Kor 2,14-16 GNB).

Dass heilige Menschen naiv und gutgläubig wären, einseitig indoktriniert von ihren Kirchen, weltfremd und bigott, ist eine religiöse Karikatur. Das Gegenteil davon ist korrekt. Meiner Erfahrung nach weckt der Heilige Geist eine gewaltige Neugierde bzw. „Liebe zur Wahrheit". Im Haus der Heiligen gibt es nicht selten eine ganze Bibliothek; Bücher über schier alle Themen zwischen Himmel und Erde stapeln sich. Dabei geht es, um es noch einmal hervorzuheben, nicht nur um fromme Angelegenheiten, sondern um *alle* Themen. Eben um die *ganze* Wahrheit. Die „Bücherei" meiner Frau ist ein ausgezeichnetes Beispiel dafür!

Der heilige Weg ist der Weg der Wahrheit und damit der Weg des Lichts. In diesem Licht der Wahrheit wird alles offenbar, was und wie es ist. Betreten wir diesen Weg, wollen wir kaum glauben, wie viel wir uns haben vormachen lassen und uns vor allem auch selbst vorgemacht haben. Nie hätten wir für möglich gehalten, welch ausgeklügelte Lebenslüge wir innerhalb einer ideologischen Konstruktion, die wir die „Matrix der Sünde" nennen können, gelebt haben.

Die Architektur der Sünde

Dabei stellt sich konsequent die Frage, wer diese Matrix eigentlich erschafft und erhält? Die falschen Götter sind ihre „Architekten". Sie sind für uns weitgehend unsichtbar, da sie außerhalb der Blase stehen, in der wir nach ihrem Drehbuch leben.

Gott hat für uns ein Drehbuch, welches sich „Buch des Lebens" nennt. Er will, dass wir leben, denn er IST das Leben. In der Verbundenheit mit ihm können wir sogar ewig leben. Das Drehbuch der falschen Götter können wir „Das Buch des Todes" nennen, denn *„der Lohn der Sünde ist der Tod, die Gnadengabe Gottes aber ewiges Leben in Christus Jesus, unserem Herrn"* (Röm 6,23).

In diesem Buch des Todes steht nicht die Geschichte unseres Lebens, sondern unseres Sterbens, denn abgekoppelt von Gott sterben wir. Wir haben kein bleibendes Leben in uns selbst, wir verlöschen wie eine Kerze, die herunterbrennt.

Die falschen Götter stellen eine Menge „Mittel" zur Verfügung, um uns über den Fakt des Sterbens hinwegzutäuschen. Betäubende Medikamente stehen bereit, um uns darüber zu „beruhigen", dass wir verschwinden. Und die Medizin verspricht uns seit ewigen Zeiten das ewige Leben durch irgendein chemisches Wundermittel, dessen Entdeckung kurz bevorsteht. Uns werden dritte Zähne und neue Gelenke angeboten, Perücken und gefüllte BHs. Die milliardenschwere Kosmetikindustrie stellt eine Vielzahl an Mitteln bereit, die Falten zu kaschieren, die Gesichter bunt zu malen und selbst die Verstorbenen im Sarg dermaßen kunstvoll herzurichten, dass sie aussehen wie das blühende Leben! Stellen wir uns nur einmal vor, diese „Mittel" fielen weg. Wie sähen die Menschen dann *wirklich* aus?

Das Sterben beenden, das Leben beginnen

Unser komplettes Leben der Sünde bzw. des Sterbens muss beendet und das der Heiligkeit bzw. des Lebens gestartet werden. Unser Name kann aus dem Buch des Todes gelöscht und in das Buch des Lebens übertragen werden! Man kann sagen: Die Lügen-Programme werden deinstalliert, Wahrheitsprogramme geladen. Jede Abweichung von der Wahrheit alias der Wirklichkeit ist Sünde und damit potenziell tödlich. Sie besteht keineswegs nur in moralischer Entgleisungen oder dem

Brechen der Zehn Gebote. Im Gegensatz dazu ist das Leben in der Wahrheit heilig. Die falschen Götter geben uns ihre Geister der Lüge weiter, der Himmel aber den Geist der Wahrheit:

> *Und ich werde den Vater bitten, dass er euch an meiner Stelle einen anderen Helfer gibt, der für immer bei euch bleibt,* ***den Geist der Wahrheit****. Die Welt kann ihn nicht bekommen, weil sie ihn nicht sehen kann und nichts von ihm versteht. Aber ihr kennt ihn, denn er wird bei euch bleiben und in euch leben* (Joh 14,16-17 GNB).

Wenn der Geist der Wahrheit, der uns vom Vater gesandte *Helfer,* bei uns bleibt und in uns lebt, dann können auch wir in der Wahrheit bleiben und ihr gemäß leben. Aus eigenen religiösen Bemühungen heraus ist es nicht möglich. Was soll dabei herauskommen, wenn Menschen, die in der Lüge leben und von der Wahrheit „nichts sehen und verstehen“, versuchen, die Gebote Gottes zu halten? Dafür muss man schon ein Heiliger sein!

Je weiter wir im Prozess der Wahrwerdung voranschreiten, desto irrsinniger und „magischer“ kommt uns die Welt vor. Überall sehen wir Verkehrtheit, Pervertierung, Wahn, Lug und Trug. Wir finden die Altäre der falschen Götter, auf denen die Menschen ihr Leben dafür opfern, und verstehen auf einmal den Ausruf Jesu am Kreuz, an welches die Religiösen, die trotz oder wegen ihrer eigenmächtigen Frömmigkeit „nichts sehen und verstehen“ konnten, ihn, den Heiligen, als Verbrecher nageln ließen: *„Vater, vergib ihnen! Denn sie wissen nicht, was sie tun“* (vgl. Lk 23,34). Nur *einer* – ein Verbrecher(!) – erkannte bei der Kreuzigung Jesus als den, der er ist:

> *Einer der Verbrecher, die mit ihm gekreuzigt worden waren, beschimpfte ihn: „Bist du denn nicht der versprochene Retter? Dann hilf dir selbst und uns!“ Aber der andere wies ihn zurecht und sagte: „Nimmst du Gott immer noch nicht ernst? Du bist doch genauso zum Tod verurteilt wie er, aber du bist es mit Recht. Wir beide leiden hier die Strafe, die wir*

verdient haben. Aber der da hat nichts Unrechtes getan!" Und zu Jesus sagte er: „Denk an mich, Jesus, wenn du deine Herrschaft antrittst!" Jesus antwortete ihm: „Ich versichere dir, du wirst noch heute mit mir im Paradies sein" (Lk 23,39-43 GNB).

Nicht nur, dass Jesus „nichts Unrechtes" getan hatte, nein, er hatte unendlich viel Gutes getan, wovon die Evangelien exemplarisch berichten. Die Kranken waren geheilt und die Aussätzigen gereinigt worden, Blinde sehend gemacht und selbst Tote auferweckt worden. Von Jesus strömte das Heil Gottes nur so. Da er sich aber nicht dem „System" gebeugt hatte, sondern Gottes Führung folgte, musste er weg, um nicht noch andere auf die Idee zu bringen, es gäbe eine Realität und Freiheit außerhalb ihrer Matrix mit einem Gott, der größer als diese ist und sie beurteilt bzw. richtet.

Angesichts der Vollmacht und völlig anders gearteten Predigt Jesu über das Reich Gottes, als die Schriftgelehrten darüber sprachen, wurden die Leute mit der Frage konfrontiert, ob es tatsächlich einen „Raum" bzw. ein „Reich" geben könnte, in dem nicht das Gesetz der Sünde und des Todes herrschte, sondern das des Geistes des Lebens (vgl. Röm 8,2)? Und wie kommt man von dem einen in den anderen Raum? Kann man tatsächlich die Realitäten wechseln? Wobei die gewohnte Realität eine inszenierte Scheinwirklichkeit ist, die ich die „Sünden-Matrix" nenne, und das andere die wahre oder ewige Wirklichkeit, die heilig ist.

Der verwaiste Mensch

Die Welt unter der Kontrolle der falschen Götter kann Heiligkeit nicht ertragen und verachtet, verfolgt und vernichtet sie. Der Himmel hingegen kann Unheiligkeit nicht ertragen und lässt sie nicht herein. Als Heilige gehen wir zwischen der unheiligen Welt und dem heiligen Himmel hin und her. Jemand sagte, wir seien wie Schiffe, die problemlos über das Meer der Sünde fahren können, ohne davon verunreinigt zu werden, solange sie das Wasser draußen lassen. Die Mission unserer Fahrt: Wir wollen den ursprünglichen Zustand von „Wie im Himmel so auf Erden" wiederherstellen, die Welt heiligen. Sie war ja am Anfang heilig, hat ihren Ursprung in Gott und soll wieder nach Hause kommen wie der verlorene Sohn in Lukas 15. Der hatte ganz vergessen, was es bedeutet, der Sohn seines Vaters zu sein; er war verwaist. Genauso hat es die Welt vergessen und ist verwaist. Die falschen Götter gleichen dem unbarmherzigen Mann, an den sich der verlorene Sohn „verkaufte":

> *Er selbst (der verlorene Sohn) fing an, Mangel zu leiden. Und er ging hin und hängte sich an einen der Bürger jenes Landes, der schickte ihn auf seine Äcker, Schweine zu hüten. Und er begehrte seinen Bauch zu füllen mit den Schoten, die die Schweine fraßen; und niemand gab sie ihm* (Lk 15,15-16).

Meines Erachtens tragen alle Menschen eine Ur-Sehnsucht nach Heiligkeit in sich.

> **Heilig** stammt wortgeschichtlich von „Heil" ab, was *etwas Besonderes* bezeichnet und sich abgeschwächt noch in *heil = ganz* wiederfindet (vgl.: im Englischen: *heilig = holy* von *whole).* Im allgemeinen Sprachgebrauch ist *heilig* ein religiöser Begriff mit der zugedachten Bedeutung *zur göttlichen Sphäre zugehörig, einer Gottheit geweiht.* Gleichbedeutend wird das Fremdwort *sakral* gebraucht, auch als Gegensatz zu *profan* (weltlich).[7]

Wer wollte kein heiles und ganzes Leben führen? Wer nicht „besonders" sein? Wer wollte nicht ein von göttlicher Macht erfülltes Leben von hoher Integrität und Ethik führen? Ein Leben, das einer Berufung folgt und nicht einfach nur „herumgebracht" wird mit Alltagssorgen und dem Dauerstress um Arbeit, Geld und Vergnügen?

---

[7] https://de.wikibooks.org/wiki/Religionskritik:_Heilig

In der Welt der falschen Götter wird uns von deren Priestern („Experten") erklärt, dass es das alles gar nicht gibt. Weder eine höhere Berufung noch ein erhabeneres Niveau an Glaube, Hoffnung und Liebe noch eine Erfüllung mit göttlicher Macht, um dieses Niveau auch halten und entfalten zu können.

Die heute allgemein verbreitete *„entmythologisierte"*[8] *Theologie* lässt von der Erfüllung mit göttlicher Macht, um eine heilige Berufung zu erfüllen, nicht viel übrig. All die „Wunder-vollen" Berufungsberichte in der Bibel mit ihren Gotteserscheinungen, Visionen und Engeln werden als wissenschaftlich unhaltbare Legenden beiseitegelegt.

Trotzdem erleben auch heute Menschen das ganze göttliche Programm – und führen dann eben ein „wissenschaftlich unhaltbares" legendäres Leben. Die Heiligen erfahren immer wieder die Überwindung der natürlichen und menschlich erklärbaren sowie machbaren Grenzen. Sie erleben ihr ganzes Leben als eine Aneinanderreihung von Wundern.

Gottes Stimme hören

Ich schreibe dieses Buch, um die Heiligkeit einerseits in ihrem Wesen und Wirken herauszustellen, andererseits, um sie von der religiösen Überhöhung und Pervertierung zu entlasten, die ihr durch die Kirchengeschichte hin auferlegt wurde. Jemanden als Heiligen zu bezeichnen, obwohl das Neue Testament ja alle an Jesus Gläubigen so tituliert, erscheint uns zweifelhaft, denn wer kann so sein? Vielleicht der Papst, Mutter Theresa und der Dalai Lama („Seine Heiligkeit")? Ob der Himmel diese Leute tatsächlich als heilig betrachtet, die scheinbar den Weg der Wahrheit und des Lebens gehen, danach müssen wir Gott selber fragen. Denn darum geht es: *IHM so nahekommen, dass wir seine Stimme hören.*

---

[8] Entmythologisierung, auch Entmythisierung, ist allgemein der Versuch, eine in einem Mythos oder in mythischer Sprache tradierte Anschauung auf ihren Wirklichkeitsgehalt hin zu untersuchen und die eigentliche Aussageabsicht herauszuarbeiten (Wikipedia, 8.1.23).

Darum gilt, was Gott durch den Heiligen Geist sagt: „Seid heute, ***wenn ihr seine Stimme hört****, nicht so verstockt wie damals eure Vorfahren, die sich gegen mich, Gott, auflehnten an jenem Tag der Prüfung in der Wüste ...* (Hebr 3,7-8 GNB).

Wenn es heißt: „Seid heute, ***wenn ihr seine Stimme hört****, nicht so verstockt wie damals eure Vorfahren, die sich gegen Gott aufgelehnt haben", so stellt sich doch die Frage: Wer waren denn die, die einstmals „die Stimme gehört" und sich dann „gegen Gott aufgelehnt" haben?* (Hebr 3,15-16 GNB).

Viele Gläubige verbinden mit Heiligkeit die Gabe und Befähigung, „die Stimme Gottes zu hören". Zu Recht wie ich finde, denn wie soll man mit jemandem vertraut werden, mit dem man nicht kommunizieren kann? Wir können mit Sicherheit davon ausgehen, dass den falschen Göttern daran gelegen ist, dass wir Gottes Stimme *nicht* hören. Darum beschäftigen sie uns rund um die Uhr mit Ablenkungen aller Art; sie plappern uns sozusagen die Ohren voll und binden unsere Aufmerksamkeit.

Wer Gottes Reden erlebt, muss einfach ein Heiliger sein, mutmaßen wir. Aber die Bibel ist voller Beispiele dafür, dass auch sehr unheilige Leute, wie etwa der babylonische König Nebukadnezar, von Gott hörten. Tatsächlich heißt es in Apostelgeschichte 2,17:

Und es wird geschehen in den letzten Tagen, spricht Gott, dass ich von meinem Geist ausgießen werde ***auf alles Fleisch****, und eure Söhne und eure Töchter werden weissagen, und eure jungen Männer werden Erscheinungen sehen, und eure Ältesten werden in Träumen Visionen haben.*

So sagt es Petrus in seiner Pfingstpredigt. Diese Worte sind von ungeheurer Tragweite, weil der Geist bis dato nur auf „besondere Heilige" ausgegossen worden war, etwa die Priester und Propheten, die weissagten und Visionen hatten. Aber nun wird der Geist auf *alle Menschen* ausgegossen, und damit können sie potenziell auch alle Gottes Stimme hören bzw. seine Inspirationen und Offenbarungen empfangen. Dazu muss man kein Heiliger sein ... Das verblüffende Geheimnis der Heiligkeit ist, dass, wenn wir uns Gott zuwenden und seine Worte empfangen – die für jeden da sind –, diese uns heilig machen. *Nicht wir selbst, sondern SIE machen uns heilig.*

Hartes Herz

Die Verse oben aus dem Hebräerbrief zeigen, dass es nicht an Gott liegt, der uns gegenüber schweigt, wie das viele annehmen, sondern an uns, „die ihr Herz verstockt haben", sodass wir geistlich taub sind. Gott spricht in der Regel nicht zu unserem Verstand, sondern zu unserem Herzen. Dort will er sogar Wohnung nehmen und uns lehren, wie heiliges Leben geht, nämlich aus dem Herzen heraus. Glaube, Hoffnung und Liebe sind Herzensqualitäten. Wir können alles darüber wissen, aber das heißt nicht, dass wir es mit unserem Sein leben und verkörpern. Wenn die Augen und Ohren unseres Herzens geschlossen sind, kann Gott reden, so viel er will; es kommt nicht an.

> *Denn dieses Volk ist* ***im Innersten verstockt****. Sie halten sich die Ohren zu und schließen die Augen, damit sie nur ja* ***nicht sehen, hören und begreifen,*** *sagt Gott. Sonst würden sie zu mir umkehren und ich könnte sie heilen* (Apg 28,27 GNB).

Es ist also das harte Herz, das es uns unmöglich macht, zu Gott umzukehren und geheilt zu werden. Darum *„achten die Heiligen auf ihr Herz mit allem Fleiß, denn daraus quillt das Leben"* (vgl. Spr 4,23).

> *Mein Sohn, merke auf meine Rede und neige dein Ohr zu meinen Worten. Lass sie dir nicht aus den Augen kommen;* ***behalte sie in deinem Herzen****, denn sie sind das Leben denen, die sie finden, und heilsam ihrem ganzen Leibe.* ***Behüte dein Herz mit allem Fleiß****, denn daraus quillt das Leben* (Spr 4,20-23 LUT).

Der wahre Zustand unseres Herzens, wie hart oder weich es tatsächlich ist, kann uns selbst sehr verborgen sein. Welche Worte der falschen Götter dort Einlass gefunden haben, die uns dann falsch programmiert haben, kann nur der Heilige Geist uns aufdecken. Die falschen Programme führen zu einer falschen Identität. Wir sind dann nicht, die wir sind, und leben nicht wirklich *unser* Leben.

Vielleicht ist unser Herz „wegen Überfüllung geschlossen"; zu viel unerledigtes Zeug hat es zugemüllt oder zu viel Falschheit hat es traumatisiert. Jetzt gleicht es einer Müllhalde, einem Bunker oder vielleicht sogar einer „Schlangengrube". Kommt dann ein Wort Gottes hinein, geht es unter und wird erstickt. Davon redet das berühmte Gleichnis Jesu über das vierfache Ackerfeld in Lukas 8,4-15, welches ich allen, die der Reinigung ihres Herzens nachjagen, sehr ans Herz lege. Jeder kann anhand der Herzenszustände, die dort beschrieben werden, den Heiligen Geist fragen, wie es um sein eigenes Herz steht. Das Ziel ist:

> *Das in der guten Erde aber sind die, welche* ***in einem redlichen und guten Herzen*** *das Wort, nachdem sie es gehört haben, bewahren und Frucht bringen mit Ausharren* (Lk 8,15).

Die Heiligen streben allezeit nach diesem „redlichen und guten" Herzenszustand. Sie spüren die Faktoren der Vergangenheit sowie der Gegenwart auf, die die Verhärtung ihres Herzens fördern, und merzen sie aus wie das Unkraut im Garten. Meiner Erfahrung nach deckt der Heilige Geist uns solche negativen Einflüsse unentwegt auf, wobei manche auf den ersten Blick gar nicht so gefährlich aussehen, wie sie es sind. Zum Beispiel können Stress, Hetze, finanzieller Druck, gestörte Beziehungen, also das, was heute von vielen als ganz banale Alltäglichkeit erfahren und toleriert wird, eine zermürbende Wirkung auf unser Leben haben und uns langsam aber sicher hart werden lassen.

Hier das Gleichnis vom „vierfachen Acker“ in einer weniger bekannten Übersetzung:

> *„Es war ein Bauer, der über seine Felder ging und das Saatgut ausstreute. Dabei fiel einiges auf den festgetrampelten Weg. Da kamen die Vögel, die in der Luft fliegen, herbei und fraßen alles auf. Ein anderer Teil der Saat fiel auf steinigen Untergrund. Als sie aufwuchs, verdorrte sie schnell wieder, weil der Boden nicht genügend Feuchtigkeit speichern konnte. Ein anderer Teil fiel mitten unter das Dornengestrüpp. Und als die Saat aufging, wuchsen die Dornen mit und erstickten sie.* ***Noch ein anderer Teil fiel auf guten Boden. Er wuchs heran und brachte Frucht hervor, und zwar hundertfach!“*** *Als er das gesagt hatte, rief er laut: „Wer Ohren hat, soll genau zuhören!“* (Lk 8,5-8 DBU).

Hier sehen wir das gewaltige Potenzial unseres Herzens. Es kann Gottes Wort, welches im Gleichnis die Saat ist, aufnehmen und in sich tragen und sprießen lassen wie ein guter Boden. Dort kann das Wort Wurzeln schlagen, sich öffnen und seine göttliche Macht entfalten. In uns!

Dann bringen wir – mit Geduld – das, was das Wort sagt, hervor – hundertfach! Kein Wunder, dass die falschen Götter alles daran setzen, dass es niemals so weit kommt und unser Herz begraben bleibt unter Bergen von Ablenkung, Unterhaltung (die einen unten hält), Fehlinformationen, Matrix-Ideologien, Einschüchterung, Sorgen usw. In der Welt der Götzen läuft es häufig so, dass unwichtige Dinge als sehr wichtig gehandelt werden, während die wirklich wichtigen ausgeblendet werden. Wann hat jemand je einen Politiker die Worte *Glaube, Hoffnung und Liebe* in den Mund nehmen hören?

Als junger Christ las ich mit großem Gewinn das kleine Buch: „Gerhard Terstegens Auffassung von der Heiligung“[9],

---

[9] Albert Löschhorn, „Von der Heiligung“, Brunnen-Verlag 1969. Gerhard Tersteegen war ein wichtiger Laienprediger und Schriftsteller des reformierten Pietismus im 17. Jhd.

ein wunderbarer Klassiker der Heiligungsliteratur. Weiter oben habe ich schon einmal ein Zitat daraus gebracht. Im Vorwort (S. 11) heißt es:

> Gerhard Tersteegen glaubte an die Möglichkeit der Existenz von Heiligen im neutestamentlichen Sinne. Und müssen wir es nicht zugestehen, dass unser Christenglaube erst dann der Welt wieder glaubwürdig wird, wenn er in den Heiligen sichtbar wird? So darf man geradezu sagen, dass die Welt eingestandener- oder noch viel, viel mehr uneingestandenermaßen nach den Heiligen lechzt.

Die Welt „lechzt" nach Heiligkeit, denn ein von Glauben (Vertrauen), Hoffnung und Liebe getragenes und davon erfülltes Leben ist ein sowohl göttliches als auch menschliches Ideal, ein *glückliches* Leben, in dem der Himmel gibt, was er hat, und die Welt empfängt, was ihr fehlt.

Kapitel 11

Vor dem Thron

Lasst uns nun mit Freimütigkeit
hinzutreten zum Thron der Gnade,
damit wir Barmherzigkeit empfangen
und Gnade finden zur rechtzeitigen Hilfe!

Hebräer 4,16

Gottes *Barmherzigkeit und Gnade* sind Eigenschaften, Dimensionen und Mächte, denen die Heiligen nachjagen. Sie wollen, wie schon zuvor gesagt, nicht nur etwas Theologisches darüber wissen, sondern vom Heiligen Geist hineingetaucht werden, um sich wie ein trockener Schwamm damit vollzusaugen. Auf diese Weise wollen sie selbst barmherzig und gnädig *sein*. Der heilige Weg beginnt vielleicht mit Wissen, führt aber zum Werden, und deshalb ist er initiatischer Natur. Wir werden verwandelt in heilige Menschen.

Der Thron der Gnade

Der Hebräerbrief fordert uns auf, zum *Thron der Gnade* zu kommen – und das „freimütig", also ohne Furcht. Nicht gebeugt, als seien wir unwürdig, sondern aufrecht, als seien wir würdig. Wir *sollen* kommen und wir *sollen* empfangen. Es klingt nicht so, als läge es in unserem Belieben! Als ich einmal darüber betete, sagte mir Jesus, es würden leider nur sehr wenige Christen kommen und die „rechtzeitige Hilfe“ empfangen. Auf meine Frage, warum das so sei, meinte er, sie erwarteten nicht Barmherzigkeit und Gnade, sondern Gericht und Strafe. Um der „göttlichen Standpauke“ über ihre Sünden und Verfehlungen zu entgehen, hielten sie lieber Abstand oder schalteten irgendwelche Priester und Pastoren dazwischen.

Wie tragisch das ist! Wie unendlich viele Gebetserhörungen, Gaben und Hilfen wurden nicht abgeholt! Es heißt, die himmlischen Lagerhäuser seien voll damit. Schon viele Leute, die den Weg zum Thron der Gnade gefunden haben, haben dort zu ihrem Erstaunen diese Hallen entdeckt.

Im Folgenden werden wir einen Exkurs durch eine Reihe von Bibelstellen machen, die den Thron Gottes betreffen. Vielleicht ist das für den ein oder anderen „trocken“, aber meines Erachtens von allergrößter Wichtigkeit für uns. Denn bei dem Thron geht es ja um Autorität, Macht und Herrschaft. Bei dem „Thron der Gnade“ geht es darum, dass die Gnade nicht nur gewährt wird, *sondern regiert!* Das heilige Leben ist das göttliche Leben, ist das Leben *in der Gnade.*

Eine Bibelstelle im Hebräerbrief spricht ebenfalls über unseren freien Zugang zum Thron:

> *Liebe Brüder und Schwestern! Wir haben also* ***freien Zutritt zum Allerheiligsten!*** *Jesus hat sein Blut geopfert und uns den Weg durch den Vorhang hindurch frei gemacht, diesen neuen Weg, der zum Leben führt. Der „Vorhang“ aber, das ist er selbst, so wie er in einem irdischen Leib gelebt hat.*
> *Wir haben also einen ganz unvergleichlichen Obersten Priester, der über das Haus Gottes gesetzt ist. Darum* ***wollen wir vor Gott hintreten*** *mit offenem Herzen und in festem Glauben; unser Gewissen wurde ja von aller Schuld gereinigt und unser Leib in reinem Wasser gewaschen* (Hebr 10,19-22 GNB).

Wir haben den „freien Zutritt“ nicht durch unsere eigenen, religiösen Bemühungen, den Klerus oder ein Sakrament, sondern durch das Blut Jesu. Mit diesem, seinem Blut ist er als unser Priester in das himmlische Heiligtum gegangen und hat Sühne für alle unsere Sünden erwirkt.

> *Und er ist ein für alle Mal hineingegangen in das eigentliche, das himmlische Allerheiligste. Das tat er nicht mit dem Blut von Böcken und jungen Stieren, sondern* ***mit seinem eigenen Blut.*** *Und so hat er uns für immer von unserer Schuld befreit* (Hebr 9,12).

Wollen wir das einmal ganz aufmerksam betrachten: ... unser Gewissen wurde *von aller Schuld* gereinigt ... und er hat uns *für immer* von unserer Schuld befreit. Wenn das wahr ist, was macht das mit uns? Warum sollten wir uns als Christen immer weiter um Schuld und Sünde drehen, wenn wir davon gereinigt und befreit wurden – für immer? Noch einmal Tersteegen aus dem Büchlein „Von der Heiligung“:

> Wohl legt Gerhard Tersteegen großes Gewicht darauf, dass wir unsere „Eigenheit“, unsere Sünde in aller Klarheit erkennen und uns nichts vormachen, doch dürfen wir dabei nicht stehenbleiben. Wir werden in der Heiligung keine Fortschritte machen, sondern nur schmerzliche Enttäuschungen erleben, wenn wir immer wieder auf unsere eigene Sünde starren ... In einem Brief mahnt er: „Glaubt, dass ihr voller Sünde seid, liebt aber die Sünde nicht, stört euch nicht über die Sünde, denkt auch nicht an die Sünde, so werdet ihr bald heilig sein und Ruhe finden für eure Seele ... Das viele und immerwährende Starren auf eure Sünden und Versuchungen macht euch nur kleinmütig und kleingläubig. Seht die Sünde an als etwas, das euch nichts angeht; lasst dieses Ungeheuer da, es ist eures Andenkens und Beschäftigung nicht wert. Ja, auch wenn ihr die Sünde am heftigsten fühlt, so trachtet, sie möglichst zu vergessen und nicht darauf acht zu geben. Die Erfahrung hat's gelehrt, dass oft große Versuchungen durch ein einfältiges

> Vergessen sind überwunden worden. Denkt, dass ihr was anderes in der Welt zu tun habt, als immer an die Sünde zu denken. Gott und dessen Gegenwart soll die Hauptbeschäftigung eures Herzens sein."[1]

Die Macht der Sünde zu brechen, indem wir uns einfach von ihr abwenden und sie nicht weiter beachten, ist ein verblüffend wirkungsvolles Mittel, um sie zu überwinden. Denn es gilt das geistliche Gesetz: Worauf wir unsere Aufmerksamkeit richten, dem geben wir Macht über uns.

Für die Heiligen ist das Blut Jesu selbstredend von allerhöchster Bedeutung! Darauf schauen sie. Darauf bauen sie. Darüber sind deswegen auch viele Bücher geschrieben worden[2]. Wir sind geheiligt durch Jesu Blut, denn „das Blut Jesu, seines Sohnes, macht uns rein von aller Sünde" (vgl. 1 Joh 1,7). Nicht WIR tun das. Was bleibt uns denn zu tun? An das Blut zu *glauben*, das heißt, *uns so zu verhalten, als ob es wahr ist*, was das Wort Gottes darüber sagt, also zum Beispiel, freimütig zum Thron der Gnade zu kommen!

> *Alle sind schuldig geworden und haben die Herrlichkeit verloren, in der Gott den Menschen ursprünglich geschaffen hatte. Ganz unverdient, aus reiner Gnade, lässt Gott sie vor seinem Urteil als gerecht bestehen – aufgrund der Erlösung, die durch Jesus Christus geschehen ist. Ihn hat Gott als Sühnezeichen aufgerichtet vor aller Welt. Sein Blut, das am Kreuz vergossen wurde, hat die Schuld getilgt – und* ***das wird wirksam für alle, die es im Glauben annehmen*** (Röm 3,23-25 GNB).

---

[1] S.o., S. 26-27.

[2] Zum Beispiel: „Das Blut und die Herrlichkeit" von Billye Brim oder „Das Blut Jesu Christi" von Benny Hinn.

Religion oder Thron

Meiner Meinung nach gilt die Regel: Entweder wir machen weiter mit Religion oder wir machen weiter mit dem Thron! Durch Religion erreichen wir gar nichts, durch den Thron alles. Wir können das „Haus der Religion“ verlassen und in das Heiligtum eintreten, also dort hingehen, wohin Jesus uns den Weg gebahnt hat. Und dort können wir bleiben. Der Thronsaal wird unser Zuhause – gemeinsam mit Myriaden von Engeln und Heiligen, mitsamt den vierundzwanzig Ältesten und den vier lebendigen Wesen, verbunden mit dem Lamm ... für immer. Davon lesen wir im Buch der Offenbarung. Unsere Identität wechselt aus der irdischen Sündenmatrix hinüber in den Himmel. Wie großartig das ist! Wer das begreift und das Blut Jesu als ausreichendes Sünden-Reinigungs-Mittel akzeptiert, kann freimütig und jederzeit im Heiligen Geist in den Thronraum Gottes eintreten. Wow!

In der Offenbarung, ab Kapitel 4, wird Johannes in den Thronsaal geführt und berichtet uns über viele wunderbare Dinge, die ihm dort widerfahren. Die können auch wir erleben. Jesus ist in Person der „Weg“ dorthin. Er hat die Tür für uns geöffnet. Wir müssen also nicht bei der Sünde und dem Kreuz stehen bleiben, sondern können auch an Jesu Himmelfahrt Anteil haben und mit ihm das Heiligtum betreten.

Zunächst erkennt der Apostel Johannes auf dem himmlischen Thron „ein Lamm stehen wie geschlachtet“ (vgl. Offb 5,9). Genauso müssen auch wir als Erstes das „Lamm Gottes, das die Sünde der Welt wegnimmt“ (vgl. Joh 1,29) erkennen und anerkennen. Alles andere kommt danach. Vor diesem Lamm fällt der ganze Himmel nieder und „singt ein neues Lied“, in dem es unter anderem heißt:

> *Denn du wurdest als Opfer geschlachtet, und* ***mit deinem vergossenen Blut hast du Menschen für Gott erworben****, Menschen aus allen Sprachen und Stämmen, aus allen Völkern und Nationen. Zu Königen hast du sie gemacht und zu*

Priestern für unseren Gott; und sie werden über die Erde herrschen (Offb 5,9b-10 GNB).

Könige und Priester

Kaum dass wir den Weg in den Thronraum gemacht haben, werden wir auch schon in seinen Dienst gestellt. Und zwar *als Könige und Priester*. Das wird ja immer besser! Was sollen diese „Herrschaften" tun? Na, eben *herrschen*. Aber nicht wie die Könige der Erde, sondern wie der König der Himmel – mit Barmherzigkeit und Gnade.

Meiner Meinung nach handelt es sich bei diesen Dimensionen des Thrones, der Gnade, des Blutes sowie der Aufgabe, königlich und priesterlich zu herrschen, um das Zentrum des Christentums. Aber nicht des religiösen Christentums, sondern des geistlichen Christentums. Türen wurden uns geöffnet, neue Räume und Berufungen erteilt. Das hat aber nichts mit Religion zu tun, sondern mit der Offenbarung Jesu Christi, mit dem, wer er wirklich ist, und was er mit uns anfängt, nachdem er uns geheiligt hat.

Ich fürchte, es kommen genauso wenige Christen in den Thronsaal wie zum Thron der Gnade. Sie sind sich nicht sicher, ob sie das dürfen und qualifiziert dafür sind. Diese Unklarheit ist meines Erachtens die Wirkung der Religion. Vergessen wir nicht: Jesus hat keine Religion gestiftet, sondern für uns den Weg in das Reich Gottes gebahnt. Bis ins Heiligtum und bis zum Thron. Bedenken wir: Wenn er das wirklich getan hat und damit in Person unser Weg zum Vater geworden ist – und wir *nicht* kommen, dann hat das Lamm Gottes sein Blut diesbezüglich umsonst vergossen! Wenn wir nicht in die königliche und priesterliche Dimension eintreten, dann werden auf Erden weiterhin die Sünde, der Tod und die Furcht herrschen, anstatt Barmherzigkeit und Gnade.

Schließlich bedauere und erinnere ich noch daran, dass in diesen unseren Tagen bei anfänglich Bekehrten die Notwendigkeit

> des Fortgangs in der Heiligung nicht gebührend beherzigt noch darauf gedrungen wird, wovon doch die Schrift so deutlich und reichlich zeugt. So wird auch die Glückseligkeit dieser Sache nicht recht beherzigt und angezeigt. Heilig sein und selig sein ist eins und eben dasselbe, nur dass in diesem Leben die Sache stufenweise unter Kreuz und Proben fortgesetzt, in jenem Leben aber in völligem und unwandelbarem Genuss und Glanz erscheinen wird. Selbst die anfängliche Seligkeit bei der Vergebung der Sünden setzt schon voraus den Anfang der Heiligung in wahrer Buße und Glauben.[3]

Wie so häufig, will ich auch bei diesem Zitat Tersteegens darauf hinweisen, dass das Wort „Buße" nichts mit „büßen" zu tun hat, sondern mit Umdenken, In-sich-gehen und „Zur-Besinnung-kommen". Darum hören wir mit der Buße niemals auf, so wenig wie mit dem Glauben.

Heilig, heilig, heilig!

> *Da sah ich den Herrn sitzen auf hohem und erhabenem Thron, und die Säume seines Gewandes füllten den Tempel. Serafim standen über ihm. Jeder von ihnen hatte sechs Flügel: Mit zweien bedeckte er sein Gesicht, mit zweien bedeckte er seine Füße, und mit zweien flog er. Und einer rief dem andern zu und sprach:* ***Heilig, heilig, heilig ist der HERR der Heerscharen! Die ganze Erde ist erfüllt mit seiner Herrlichkeit!*** (Jes 6,1b-3).

Jesaja sieht in einer Vision den Thron Gottes. Seltsame Engel, die „Seraphim" genannt werden, was übersetzt werden kann mit „die Brennenden", fliegen um ihn her und rufen das „Heilig-heilig-heilig-Herr" aus. Und das unentwegt. Was soll das bedeuten? Auch proklamieren sie, dass „die ganze Erde mit der Herrlichkeit Gottes erfüllt ist". Nun, davon können wir ja

[3] Gerhard Tersteegen, s.o., S. 40-41.

nicht viel sehen, sie aber schon. Die Heiligen sehen gemeinsam mit den Engeln im Untergang den Aufgang, in der Dunkelheit das Licht, im Sünder schon den Heiligen. Sie sehen Gott bereits überall, wo er von den geistlich „Blinden" nicht erkannt wird. Die Heiligen beten für sie: „Herr öffne ihre Augen, dass sie sehen!" Dieses „Sehen" ist ein Schlüssel zum heiligen Leben, denn wir sind ja keine Selfmade-Heiligen, sondern „heavenmade".

> Ein Schriftsteller kam ins Kloster, um ein Buch über den Meister zu schreiben.
> „Die Leute sagen, ihr seid ein Genie. Stimmt das?", fragte er.
> „Das könnte man wohl sagen", antwortete der Meister nicht gerade bescheiden.
> „Und was macht einen zum Genie?"
> „Die Fähigkeit, zu erkennen."
> „Was erkennen?"
> „Den Schmetterling in einer Raupe, den Adler in einem Ei, den Heiligen in einem selbstsüchtigen Menschenwesen."[4]

Jesaja erkennt in der Vision, dass er nicht in der Lage ist, „heilig" zu sagen, weil er es nicht IST. Die Seraphim aber können es, denn sie SIND es. Und wie sie es können! Sie sind entflammt von der mächtigen, ewigen Herrlichkeit Gottes und können gar nicht anders, als sie heftig zu proklamieren. Hier sehen wir sogleich einen Schlüssel zur Evangelisation: Das Feuer Gottes.

Die Mission

Jesaja hört die Frage von dem Thron her, wen Gott zu den Völkern senden soll. Bevor der Prophet diese Frage positiv beantworten kann, kommt einer der Seraphen mit einer glühenden Kohle vom himmlischen Altar *„und berührt damit seinen Mund*

---

[4] A. de Mello, s.o., S.71.

und spricht: Siehe, dies hat deine Lippen berührt; so ist deine Schuld gewichen und deine Sünde gesühnt" (Jes 6,7).

Mich erinnert das an Pfingsten, wo es auch das himmlische Feuer selbst war, das bei der Ausgießung des Heiligen Geistes auf die Jünger fiel. Wir sehen, dass Jesaja nichts TUN konnte, um sich für eine heilige Aufgabe zu qualifizieren; er erkannte jedoch in der Gegenwart Gottes, dass weder er noch das ganze „Volk Gottes" heilig ist, sondern unheilig, dass sie auch gar nicht verstehen können, was „heilig" wirklich bedeutet. Sie haben ihre religiösen Vorstellungen darüber entwickelt, die so weit weg von der Wahrheit sind wie die Erde vom Himmel. Sie müssten es, wie Jesaja, selbst zu sehen bekommen. Darum geht es bei der Mission.

Gottes eigene Heiligkeit brannte durch Jesaja hindurch und fachte eine heilige Glut in ihm an. In ihrer Kraft konnte der Prophet nun antworten: „Hier bin ich, Herr, sende mich!" Er konnte nun seine Mission erfüllen, im Namen Gottes zu den Menschen zu sprechen – über Heiligkeit und Unheiligkeit. Nicht wie ein Schriftgelehrter, sondern *wie ein Zeuge*.

Nicht anders verhält es sich heute bei uns. Auch wir wollen inmitten eines unheiligen Volkes, das von Heiligkeit nichts weiß, eine Art „diplomatische Botschaft Gottes" aufrichten, in der Heiligkeit praktiziert, vertreten und gelehrt wird – und das in der Kraft bzw. in dem Feuer der tatsächlichen Heiligkeit Gottes. *„Wir sind Botschafter an Christi statt, denn Gott ermahnt durch uns; so bitten wir nun an Christi statt: Lasst euch versöhnen mit Gott!"* (2 Kor 5,20).

Ein Botschafter verkörpert das Land oder Reich, welches er vertritt. Er spiegelt sein Wesen wider wie kein anderer. Auch das Botschaftsgelände atmet den Geist der Nation, die von ihm präsentiert wird. Man nennt eine diplomatische Vertretung interessanterweise auch eine „Mission"[5].

---

[5] Es gibt diplomatische und konsularische Auslandsvertretungen. Letztere können aber einer diplomatischen Vertretung angeschlossen werden. Während diplomatische *Missionen* die Interessen der Regierung eines Staates bei

> *Johannes (der Täufer) antwortete allen und sprach: Ich zwar taufe euch mit Wasser; es kommt aber* ***ein Stärkerer als ich,*** *und ich bin nicht würdig, ihm den Riemen seiner Sandalen zu lösen;* ***er wird euch mit Heiligem Geist und Feuer taufen*** (Lk 3,16).

Hier deutet Johannes das Neue des Neuen Bundes in dem Blut Jesu an: Es werden nicht mehr nur besondere Berufene, wie der Prophet Jesaja im Alten Testament, in die unmittelbare Gegenwart Gottes gebracht und dort in das Heilige Feuer getauft, nein, nun wird der Geist ausgegossen über ALLE Menschen und sie können ihre eigene Feuertaufe, respektive ihr eigenes Pfingsten erleben. Dann können sie ihre eigenen Erfahrungen mit dem Thron der Gnade machen und werden auch zu seinen „Botschaftern“ und Zeugen der wirklichen Heiligkeit Gottes und nicht der religiösen Variante davon.

> *Ihr aber seid das erwählte Volk, das Haus des Königs, die Priesterschaft, das heilige Volk, das Gott selbst gehört. Er hat euch aus der Dunkelheit in sein wunderbares Licht gerufen, damit ihr seine machtvollen Taten verkündet* (1 Petr 2,9 GNB).

Diese großartige Bibelstelle zeigt in wenigen Worten, was wir SIND und was wir darum TUN. In Gottes „wunderbarem Licht“ werden auch wir erleuchtet und wunderbar. Im Licht SEHEN wir die Herrlichkeit des Herrn, sehen durch die Offenbarung des Heiligen Geistes seinen Thron und erleben, was dort vor sich geht. Wir werden ein Teil dieses Thrones und Zeugen der Geschehnisse im Thronraum. Wir leben gleichzeitig im Himmel und auf der Erde.

---

einer fremden Macht vertreten, nehmen konsularische *Missionen* (Konsularabteilungen bei Botschaften sowie Konsulate) vornehmlich die Interessen der Bürger des Entsendestaates im Empfangsstaat wahr und erfüllen Kontakt- und Verwaltungsaufgaben auf untergeordneten Ebenen (Wikipedia, Stichwort „Auslandsvertretung“, 11.1.23).

Wir partizipieren an der Heiligkeit Gottes, die uns heiligt, die uns verwandelt, die uns den heiligen Weg führt – Schritt für Schritt. Wir schauen weg von uns selbst, wo es unmöglich ist, und hin auf Christus, bei dem es möglich ist (vgl. Lk 18,27).

In dem Aufruf Gottes: ***„Seid** heilig, denn ich **bin** heilig!“* (1 Petr 1,16) geht es nicht um TUN, sondern um SEIN. „SEID heilig ...“ Wenn wir es *sind*, handeln wir automatisch heilig, also göttlich, denn das Tun fließt aus dem Sein. Dann ist es authentisch und nicht aufgesetzt. So kommt es, dass viele Heilige sich ihrer Heiligkeit gar nicht bewusst sind. Aus ihrem *Wesen* strömt Heil und es heilt die Welt. Das beginnt bei ihnen selbst und dehnt sich aus auf den Nächsten, der in ihrer Gegenwart gesegnet wird. Egal, was sie anfassen, es kommt in Berührung mit Gott, der in den Heiligen wohnt und ihnen immerwährende „Audienz“ bietet. So führen die Heiligen den ständigen Dialog mit DEM Heiligen, der in ihrem Herzen seine Residenz aufgeschlagen hat. Sie werden stets von innen heraus erneuert und leben ein von der Welt relativ unabhängiges Leben.

> *Deshalb ermatten wir nicht, sondern wenn auch unser äußerer Mensch aufgerieben wird, so wird doch **der innere** Tag für Tag erneuert* (2 Kor 4,16).

Heilig, hoheitlich, majestätisch

Die Autoren von „gotquestion.org“ stellen sehr schön die Parallelen des „Heilig-Heilig-Heilig!“ vor dem Thron, sowohl im Alten Testament bei dem Propheten Jesaja als auch im Neuen Testament bei dem Apostel Johannes heraus.

> Der Satz „heilig, heilig, heilig“ erscheint zweimal in der Bibel, einmal im Alten Testament (Jesaja 6,3) und einmal im Neuen (Offenbarung 4,8). Beide Male wird der Begriff von himmlischen Kreaturen gesprochen oder gesungen und beide Male geschieht dies in einer Vision eines Menschen, der sich vor

Gottes Thron sah: erstens durch den Propheten Jesaja und dann durch den Apostel Johannes ...
Die Vision von Gottes Thron von Johannes in Offenbarung 4 war ähnlich der von Jesaja. Wieder waren lebendige Wesen um den Thron versammelt, die riefen: „Heilig, heilig, heilig ist der Herr, der Allmächtige" (Offenbarung 4,8) in Ehrerbietung und Ehrfurcht vor dem einen Heiligen. Johannes beschreibt diese Kreaturen, die beständig Gott um seinen Thron herum verherrlichen. Interessanterweise ist die Reaktion von Johannes auf die Vision von Gott auf seinem Thron anders als bei Jesaja. Es gibt keinen Bericht, dass Johannes in Schrecken vor dem Thron niederfällt und sich seiner Sünden bewusst wird; vielleicht weil Johannes am Anfang seiner Vision bereits dem auferstandenen Christus begegnet ist (Offenbarung 1,17). Christus legte Johannes seine Hand auf und sagte ihm, er solle keine Angst haben. Gleichermaßen gehen wir dem Thron der Gnade entgegen, wenn wir die Hand von Christus über uns haben, in Form seiner Gerechtigkeit, die am Kreuz für unsere Sünden eingetauscht wurde (2. Korinther 5,21) ...
Schlussendlich weisen die zwei Visionen von den Engeln um den Thron Gottes, die „heilig, heilig, heilig" rufen, klar darauf hin, dass Gott ein und derselbe im Alten und im Neuen Testament ist. Oft denken wir über den Gott des Alten Testaments als den Gott des Zorns und den Gott des Neuen Testaments als den Gott der Liebe. Aber Jesaja und Johannes präsentieren ein einheitliches Bild unseres heiligen, hoheitlichen, majestätischen und wunderbaren Gottes, der sich nicht verändert (Maleachi 3,6), der „gestern, heute und derselbe in Ewigkeit ist" (Hebräer 13,8) und „bei dem keine Veränderung ist noch Wechsel von Licht und Finsternis" (Jakobus 1,17). Gottes Heiligkeit ist ewig, genauso wie er ewig ist.[6]

[6] www.gotquestions.org/Deutsch/heilig-heilig-heilig.html

Macht und Herrlichkeit

> *Gott, mein Gott bist du; nach dir suche ich. Es dürstet nach dir meine Seele, nach dir schmachtet mein Fleisch in einem dürren und erschöpften Land ohne Wasser.* ***So schaue ich im Heiligtum nach dir, um deine Macht und deine Herrlichkeit zu sehen.*** *Denn deine Gnade ist besser als Leben; meine Lippen werden dich rühmen* (Ps 63,2-4).

Was erwartet David, im Heiligtum zu sehen zu bekommen? Einen strengen und strafenden Gott auf einem bedrohlich wirkenden Thron, vor dem alle gehorsamst ihre Knie beugen? Nein, er erwartet, „Macht und Herrlichkeit" zu sehen zu bekommen, die ihn in seinem erschöpften Zustand beleben und trösten werden. Er erwartet, eine Gnade zu erfahren, die *„besser als Leben"* ist. Wie soll man diese Aussage verstehen? Weiter unten im Psalm heißt es:

> *Wie von Mark und Fett wird meine Seele gesättigt werden, und mit jubelnden Lippen wird mein Mund loben, wenn ich deiner gedenke auf meinem Lager, über dich nachdenke in den Nachtwachen. Denn du bist mir zur Hilfe geworden, und im Schatten deiner Flügel kann ich jubeln* (Ps 63,6-8).

Von Gott, den wir aufgrund seiner Heiligkeit häufig weit weg von uns verorten, wird Davids Seele gesättigt wie von einem Festmahl. Sein Kummer verwandelt sich in Jubel. Wir lesen, wie seine Gedanken aufhören, sich um seine trostlosen Erfahrungen in der Wüste, dem „dürren Land", zu drehen, und sich Gott zuwenden, der ihn zurück auf den Boden der Macht und Herrlichkeit bringt, der Sättigung seiner Seele unter schützenden Flügeln. DAS ist, was uns David, der „Mann nach dem Herzen Gottes", über das Heiligtum erklärt. Wir können uns auf ihn verlassen; wenn einer weiß, wovon er redet, dann David.

Dieser Psalm ist uns überliefert worden, damit *auch wir* in diese Erfahrung mit dem „heiligen" Gott eintreten können.

Davon handelte dieses ganze Buch. Dabei war es mir wichtig, den Begriff der Heiligkeit aus der traditionell gewohnten Verknüpfung mit „Gehorsam" herauszulösen, auf welchen die religiöse Prägung so einseitig insistiert. Meiner Meinung nach folgt der Gehorsam wie von alleine aus Erfahrungen, wie sie uns David in Psalm 63 schildert. Warum sollte man auf einen Gott, der mächtig und herrlich ist, der unsere Seelen sättigt und hütet, nicht hören? Seine Berufswahl für uns, als seine „Könige und Priester" an seiner Macht und Herrlichkeit beteiligt zu sein, um sie auf Erden zur segensreichen Anwendung zu bringen, ist nicht schlecht! Wer sonst stellt uns etwas Vergleichbares in Aussicht? Wie anders sieht ein Leben aus, in dem wir uns nicht als „arme Sünder" definieren, sondern als „Könige und Priester" – Verwalter der mannigfachen Gnade Gottes (vgl. 1 Petr 4,10)?

Das Geheimnis des „glücklichen Christenlebens" liegt in der Umkehrung der Reihenfolge, die wir im Spiegeluniversum erfahren: Wir sind nicht gehorsam, um die Herrlichkeit und Hilfe Gottes zu bekommen, sondern weil wir sie schon haben. Wieso wir? Reine Gnade … Wo finden wir die? In Christus.

> *Denn wie durch des einen Menschen (Adam) Ungehorsam die vielen in die Stellung von Sündern versetzt worden sind, so werden auch durch den Gehorsam des einen (Jesus) die vielen in die Stellung von Gerechten versetzt werden* (Röm 5,19).

Wir gehören jetzt zu den „vielen", denen der Gehorsam Christi angerechnet wird. Er hat unseren unheiligen Platz eingenommen und bietet uns seinen heiligen an.

Friedenstifter

> *Denn wenn durch die Übertretung des einen der Tod durch den einen geherrscht hat, so werden viel mehr die, welche den* ***Überfluss der Gnade*** *und der* ***Gabe der Gerechtigkeit***

empfangen, ***im Leben herrschen*** *durch den einen, Jesus Christus* (Röm 5,17).

Hier sind wir wieder beim Thema „herrschen". Die „Könige und Priester" Gottes verstehen die obigen Verse aus dem Römerbrief und treten die heilige Aufgabe an, „im Leben zu herrschen durch den einen". Der „Überfluss der Gnade" und die „Gabe der Gerechtigkeit" wollen empfangen und angewendet werden, um Frieden zu bringen. Aber einen ganz anderen, als ihn die Welt definiert. Es geht um einen lebendigen, heilenden, verwandelnden und mächtigen Frieden, der zuerst *in uns* zu wachsen und zu wirken beginnt, um danach in unser Umfeld auszustrahlen. Ein Friede, der von außen auferlegt wird – mit übergeordneter Macht von Politik, Justiz, Polizei und Militär – ist kein Friede.

> Friede ist im heutigen Sprachgebrauch der allgemeine Zustand zwischen Menschen, sozialen Gruppen oder Staaten, in dem bestehende Konflikte in rechtlich festgelegten Normen ohne Gewalt ausgetragen werden.[7]

Als wäre die Abwesenheit von Gewalt dasselbe wie Frieden! So wie alles andere hinterfragen die Heiligen solche Definitionen und durchschauen deren Begrenztheit bzw. Hinfälligkeit. Sie erfahren Frieden als eine göttliche Macht, die vom Thron ausgeht und alles im Frieden erhält. Es ist eine endlose, lebendige Harmonisierung aller Dinge, Lebewesen und Prozesse, die allen und allem seinen Platz gewährt und sein Dasein respektiert. Ohne alle und alles völlig zu durchschauen, zu erkennen und zu verstehen, kann es keinen rechten Frieden geben. Darum kann nur der Himmel der Erde den Frieden bringen.

Nach der These und der Antithese kommt die Synthese. Gott vermag das endlose Gegeneinander in ein endgültiges Miteinander zu verwandeln. Wie er das macht, übersteigt unser Vorstellungsvermögen. Aber die Heiligen sind begeistert

---

[7] Wikipedia, 11.1.23.

dabei! Am Ende der Zeit – und ich denke, dieses „Ende“ ist nahe herbeigekommen – sah der Prophet Daniel in seinen berühmten Endzeitvision folgende Situation eintreten:

> *Und das Reich [Königtum] und die Herrschaft und die Größe der Reiche unter dem ganzen Himmel* ***wird dem Volk der Heiligen des Höchsten gegeben werden****. Sein Reich ist ein ewiges Reich, und alle Mächte werden ihm dienen und gehorchen* (Dan 7,27).

Es heißt, das Reich Gottes *bestehe* in Gerechtigkeit, Frieden und Freude im Heiligen Geist (vgl. Röm 14,17). Das zu erkennen, ist für uns überaus wichtig, denn damit haben wir eine wesentliche Orientierung, worum es im heiligen Leben geht. Kultivieren wir in uns selbst diese wunderbaren Qualitäten und überwinden damit allen Unfrieden und alle Angst in unserem Herzen, dann fängt das Reich Gottes an, unser gesamtes Verhalten und Wirken zu charakterisieren. Da es alle Menschen nach Gerechtigkeit, Frieden und Freude verlangt, sind wir missionarisch attraktiv.

In Römer 14,17 steht nicht, das Reich Gottes bestehe in Religion, Kirche und Sakramenten, auch nicht in Buße, Bekenntnis und Beichte. *Es ist überhaupt nicht an der Sünde, sondern am Thron orientiert.* Und der redet mit uns weniger über unsere Versäumnisse als vielmehr über seine Gerechtigkeit, seinen Frieden und seine Freude, in die er uns durch den Heiligen Geist hineintauft. Dadurch werden wir von der Sünde und den Sorgen abgelenkt, womit sie ihre Macht über uns verlieren. Nicht, indem wir gegen sie ankämpfen, sondern indem wir uns abwenden und etwas anderes für wichtiger halten und uns damit befassen, werden wir zu Überwindern.

Nachwort

HERR, wer darf in deinem Zelt weilen?
Wer darf wohnen auf deinem heiligen Berg?
Der rechtschaffen wandelt und Gerechtigkeit übt
und Wahrheit redet in seinem Herzen.

Psalm 15,1-2

Das 7+7+7-Projekt

Nun vollendet sich das siebte Buch meiner Grundlagen-Reihe geistlicher Lebensführung. Wie zu allen anderen Büchern gibt es auch zu diesem ein begleitendes Kursheft und eine Videoserie zur Vertiefung.

Viele Aspekte, die in diesem Buch über die Heiligkeit besprochen wurden, kamen in den verschiedenen anderen Büchern und Kursen bereits zur Sprache, weil alles miteinander zusammenhängt. Ich hoffe, meine Leser haben sich nicht über Wiederholungen geärgert, sondern sie als Bereicherung empfunden, denn wir müssen in der Übung bleiben. Allzuleicht vergessen wir die wunderbaren Offenbarungen der Prinzipien des Lebens im Reich Gottes und in der Salbung des Heiligen Geistes. Sogar ich selbst lese meine Bücher und schaue mir die Videoserien dazu immer wieder einmal an.

Lege ich nun die Bücher gemeinsam mit ihren Kursen nebeneinander, dann staune ich, wie schön sie gestaltet wurden und welcher geistliche Reichtum da zusammengetragen werden konnte. Gerne habe ich in den Zitaten auf die „Klassiker der christlichen Spiritualität" wie Gerhard Tersteegen, „Bruder Lorenz", Oswald Chambers oder den von mir sehr geschätzten Anthony de Mello Bezug genommen. Es bewegt mich zudem, wie „strategisch“ der Himmel die furchtbare Zeit der Pandemie bei mir genutzt hat, um die Einschränkungen im Reisedienst für die Geburt dieser Reihe von Büchern zu nutzen.

Jetzt freue ich mich, dass dieses große „7+7+7-Projekt“, wie ich es genannt habe, zu einem Abschluss kommt und ich „frei“ werde für andere Aufgaben.

Eine neue Bewegung

Meine feste Erwartung ist, wie ich im Kapitel über das zurückschlagende Pendel dargelegt habe, dass es eine weitere Heiligungsbewegung geben wird. Wie die Wogen einer Flut, die sich immer weiter aufbauen, haben sich die Wellen der Erweckungen immer weiter aufgebaut. Sie brandeten bereits weit in die Welt hinein und haben Millionen von Menschen erreicht. Sogar der Wikipedia-Beitrag zur „Heiligungsbewegung“ benutzt diesen Begriff:

> Im engeren Sinne wird der Ausdruck Heiligungsbewegung für die **dritte Welle** der Heiligungsbewegung um 1874/75 in England, Deutschland und der Schweiz gebraucht. Es ist hier die Arbeit von Robert Pearsall Smith (1827–1898) und seiner Frau Hannah Whitall Smith[1] (1832–1911) gemeint. Die Heiligungsbewegung trat in allen erweckten Kreisen des Pietismus, der protestantischen Kirchen und der Freikirchen in Erscheinung.

Es ist den Herren der Sünden-Matrix gelungen, die verschiedenen Strömungen der Christenheit – ob protestantisch, pietistisch oder pfingstlich – gegeneinander auszuspielen. Die nächste, größere Welle wird diese Widerstände überfluten und eine göttliche Synthese zwischen diesen Bewegungen herstellen. Das jedenfalls ist meine Hoffnung. Dann wird aus dem unseligen Gegeneinander ein geistgewirktes Miteinander, was die Macht dieser kommenden Welle der Heiligkeit vervielfachen

---

[1] Sie hat das Buch „Das Geheimnis eines glücklichen Christenlebens“ geschrieben.

wird. Dabei werden voraussichtlich nicht mehr christliche Institutionen die tragende Rolle spielen und Vormachtstellung haben, sondern das Leben selbst. Denn Gott IST das Leben und keine Institution. Das Leben ist heilig, nicht die religiösen Bauwerke.

Was das Leben braucht, um gedeihen zu können, ist Liebe. Wie wir lesen können, IST Gott auch die Liebe. Wenn wir uns als Christen also darauf verständigen und einigen können, Gott zu dienen, indem wir dem Leben und der Liebe dienen, werden wir am Ende der Zeit doch noch einmal zu einer gemeinsamen Initiative kommen, so wie am Anfang der Gemeinde, wie wir es in der Apostelgeschichte belegt finden.

Meines Erachtens ist das Zeitalter der Institutionen am Abklingen, es kommt zu einer neuen Entdeckung des MENSCHEN, der im Bilde Gottes geschaffen ist. Das Leben und die Liebe werden für wert geachtet werden, denn sie sind Gottes Wesen und Werk, sie sind heilig. Niemals dürfen sie übergangen oder ersetzt werden.

Auf ins gelobte Land!

Ich beende dieses Buch mit einer persönlichen Prophetie, die, genau wie jene zu den Gebetshäusern, schon viele Jahre alt ist. Aber wie aktuell!

> Ihr könnt in der Wüste eigentlich gar nicht leben – was ein ständiges Argument des Systems ist, um euch „in Ägypten" (einer Metapher für die unheilige Welt) zurückzuhalten –, aber siehe da, ihr lebt doch. Ihr könnt eigentlich gar nicht weitergehen – und lauft doch weiter. Ihr wisst nicht, wo genau es lang geht, und schreitet doch Tag für Tag auf dem Weg weiter, der sich euch offenbart. Mitten in dem (negativen) Unmöglichen offenbart sich das (positive) Unmögliche, weil es dort gar nicht anders geht. Wer mit mir so weit geht, dass es kein Zurück mehr gibt und ohne mich ganz unmöglich ist, weiterzuleben,

den mache ich zum leuchtenden Stern in der Nacht, der mitten unter einem verkehrten (unheiligen) Geschlecht strahlt.
Jedes Gebet wird euch weiter verwandeln. Jedes Gebet setzt euch mir aus und bewirkt Transformation. Ihr könnt das kaum wahrnehmen und tut euch schwer damit, stillzuhalten und von mir behandeln zu lassen. Dies aber muss sein, sonst bleibt ihr die Alten und lauft mit dem Rest der Christenheit, die sich um sich selbst und nicht um mich dreht, im Kreis.
Es bleibt dabei: Jetzt und hier, mitten in eurem „Alltag", lernt ihr die Lektionen der Heiligkeit. Hier bewährt ihr euren Glauben. Bittet mich um Augen, mich im Alltag zu sehen, und um Ohren, mich im Alltag zu hören, und ein Herz, mich jederzeit zu empfangen.
Die Trennung zwischen Alltag und Sonntag ist noch nicht genug zerbrochen. Euer Alltag und euer Zuhause sollen meine Kirche sein, in der sich das Reich Gottes ereignet! Ihr habt das gehört, aber noch nicht angemessen darauf reagiert. Nach wie vor zögert ihr, zu akzeptieren, dass ihr die Leute seid, die ich meine und rufe.
Ich reiße ein Volk aus einem anderen Volk heraus, was weh tut. Ich habe es schon einmal getan. Es bringt Trennung mit sich, die alle vermeiden wollen, aber nicht ich. Ich habe es euch gesagt: Ihr müsst in die Wüste gehen wie David und dort andere Exilanten treffen und mit ihnen eine Armee Gottes werden, die anders tickt als die Art von Gemeinde, die ihr kennt. Ihr müsst Helden werden – mutig. Männer mit Löwengesichtern – beherzt. Menschen des Himmels – heilig.
Der Preis, den ihr jetzt bezahlt, ist es wert, bezahlt zu werden. Er ist kostbar in meinen Augen und erwirbt euch eine Salbung der Losreißung und eine Salbung des Weitergehens. Diese allein sind schon unschätzbar wertvoll für ein an Stagnation und Knechtschaft gewöhntes Volk. Dies ist die Salbung, die ein Meer teilt und die Armee Pharaos ertränkt, die ein Siegeslied wie das von Mose und den Söhnen Israel auf eure Lippen legt und auch die Erkenntnis: Der Herr ist ein Kriegsmann! Dies ist die Salbung, die euch das Manna bringt und die Feuer- und

Wolkensäule für den Weg bereitstellt. Alle Wunder der Wüste sind die Wunder dieser Salbung.

Freut euch! Geht den Weg mit erhobenem Haupt! Ich gebe euch verborgene Schätze – und meine Gegenwart wird das Zentrum eures Lebens. Fürchtet euch nicht! Und dreht euch nicht um! Meine Wolke wird euch einhüllen und ihr werdet in der Wüste verborgen sein für eine Zeit der Verwandlung. Das, was kommt, kann nicht in der alten Art gehandhabt werden. Es braucht eine andere Art von Christen dafür, als sie jetzt allgemein vorhanden sind. „Gelobtes-Land-Christen" mit einem freien Geist, so wie Josua und Kaleb, und nicht „Ägypten-Christen" mit dem Sklaven-Geist.

Über den Autor

Frank Krause wurde 1965 in München geboren, ist verheiratet mit Brigitte und arbeitete über dreißig Jahre lang in der Krankenpflege. Er verfügt über langjährige Erfahrungen im pastoralen Dienst und engagiert sich in der Männerarbeit.

Seit 2009 widmet er sich vorrangig dem Gebet und Schreiben. Seitdem sind zahlreiche Titel erschienen.

Frank spricht in einer frischen und humorvollen Art auf Konferenzen und Wochenenden über Aspekte der geistlichen Revolution, die seiner Meinung nach in aller Welt im Gang ist.

Sein Anliegen ist es, sowohl einzelnen Menschen als auch der Gemeinde Mut zur Veränderung zu machen und der aktuellen Erweckung zu dienen.

Webseite: www.autor-frank-krause.de
Blog: https://blog.autor-frank-krause.de

Die anderen Titel der 7+7+7-Reihe sind:

- *Initiation*
- *Das siebenfache Licht*
- *Geheimnisse der Kraft*
- *Sieben Wege, wie Gott führt*
- *In der Macht seiner Stärke*
- Das 6. Buch der Reihe über den fünffältigen Dienst und den Leib Christi (der genaue Titel steht noch nicht fest) erscheint voraussichtlich Ende 2023 / Anfang 2024.

Weitere Bücher von Frank Krause

erschienen bei GloryWorld-Medien

Frank Krause, Sieben Wege, wie Gott führt

Der andere Weg; 152 S., Pb.

Die Frage nach der Führung Gottes treibt seit Menschengedenken Männer, Frauen und auch Gemeinschaften um, denen Gott wichtig ist und die „seine Wege" verstehen wollen.

Dass er zu uns sprechen und uns führen möchte, daran gibt es von der Heiligen Schrift her gar keinen Zweifel, jedoch braucht es auf Seiten des Menschen „Ohren, um zu hören, und Augen, um zu sehen".

Frank Krause zeigt die sieben wichtigsten Aspekte der Führung Gottes auf. Alles beginnt jedoch mit einer Erweckung und Erleuchtung unseres Herzens …

Frank Krause, Initiation

Der andere Weg; 240 S., Pb.

Wir setzen heute gemäß unserer Kultur ganz auf Wissen. Kaum mehr wird nach Begriffen wie Identität und der dafür notwendigen INITIATION gefragt. Deshalb gibt es heute viele Menschen, die nie in die Geheimnisse des Ewigen und Göttlichen oder ihre Bestimmung eingetreten sind. Sie wissen nur etwas darüber, sind es jedoch nicht geworden.

Dieses Buch über den anderen Weg geht den himmlischen und irdischen Geheimnissen nach sowie der Frage, wie wir damit in Berührung kommen und was uns dazu befähigt, all das, wovon etwa Paulus spricht, selbst zu erleben und somit zu Zeugen des echten Evangeliums zu werden.

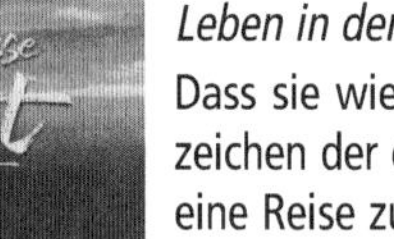

Frank Krause, Geheimnisse der Kraft

Leben in der Vollmacht Gottes; 176 S., Pb.

Dass sie wie Jesus Kraft hatten, war ein wesentliches Kennzeichen der ersten Christen. Frank Krause nimmt uns mit auf eine Reise zu den Geheimnissen dieser Kraft. Es scheint eine Art Schleier über all den Gaben, Ermächtigungen und Verheißungen Gottes zu liegen. Aber jetzt ist es an der Zeit, dass wir diesen hinter uns lassen und der Welt zeigen, dass Gott immer noch derselbe ist. Er möchte jedes Chaos in ein Paradies verwandeln und die Gestrauchelten aufrichten.

Der Leser bekommt eine Orientierung an die Hand, welche unfassbaren Kräfte unterschiedlichster Art Gott ihm in Christus zugedacht hat und wie er diese zum Segen für andere einsetzen kann.

Frank Krause, In Jesu Sommerhaus

Meine Begegnungen im ewigen Garten

160 Seiten, Paperback

Eines Tages wird der Autor im Geist zum „Sommerhaus Jesu" mitgenommen. Dort erhält er Einsichten in eine Reihe von Themen, die darum kreisen, wie Himmel und Erde sich begegnen, u. a.: Wie stehen Zeit und Ewigkeit zueinander? / Wie lässt sich der heilige Weg in einer unheiligen Welt finden und gehen? / Das irdische und himmlische Menschenbild / Die Kirche von morgen.

Das Buch ist eine Art Handbuch der „Schule auf der Schwelle" zwischen den Dimensionen, zwischen Oben und Unten, Finsternis und Licht. Damit umzugehen, ist eine Kunst und Lebensaufgabe.

Frank Krause, In der Macht seiner Stärke

Neue Erfahrungen mit der Waffenrüstung Gottes,

176 S., Paperback

Vor unseren Augen zerbrechen alle vermeintlichen Sicherheiten, ob es das Geldsystem, die Wirtschaft, die Politik und sozialen und gesundheitlichen Absicherungen sind. Frank Krause betrachtet die „Waffenrüstung Gottes" unter diesen aktuellen Blickwinkeln.

Erstes Ziel ist natürlich, dass wir selbst wehrhaft werden, um den Listen des Teufels zu widerstehen und unser komplettes Leben seiner negativen Agenda und Manipulation zu entreißen. Doch mit der Zeit gewinnt unsere Rüstung Gestalt, sodass nicht nur wir selbst in einem geschützten Raum leben, sondern auch einen heilsamen Einfluss auf unsere Umgebung ausüben können.

Wir können die dunklen, boshaften und parasitären Strukturen dämonischer und (un)menschlicher Wesen aus der Erstarrung lösen, befreien und neu justieren. Wir bringen Licht in die Finsternis, Leben ins Sterben, Hoffnung in die Verzweiflung.

Frank Krause, Das siebenfache Licht

Der Weg zur Erleuchtung, der allen offensteht

128 S., Paperback

Das Licht Gottes will uns allen aufgehen, damit wir die Wahrheit erkennen, die uns frei macht.

Der Weg aus der Finsternis ins Licht wurde uns von Jesus Christus gebahnt, und der Heilige Geist wurde gesandt, um die Augen unseres Herzens zu erleuchten und uns auf dem Weg der Wahrwerdung zu begleiten.

Der Autor beschreibt den Prozess zunehmender Erleuchtung in sieben Stufen, um dem Leser eine Orientierungshilfe zu geben. Zudem schildert er eigene Erlebnisse mit dem „Weg des Lichts", die verschiedene Aspekte des „siebenfachen Lichtes" entfalten.

Die Geisterstadt-Trilogie von Frank Krause

Band 1: Die Geisterstadt

Das Geheimnis des Bösen; 180 Seiten, Paperback

Wie sieht Gott aktuell unsere Welt, unser Leben, den Zustand des Christentums? Welche Strategie befolgt das Böse darin, und wie ist es beschaffen?

Visionen helfen, den Horizont zu erweitern und die Welt mit neuen Augen zu sehen. Der Autor nimmt uns mit auf eine imaginäre Reise, auf der ihm Jesus Christus in einer Reihe aufschlussreicher Ereignisse das „Geheimnis des Bösen" erklärt. Es werden Zusammenhänge und Hintergründe deutlich, die wir vielleicht noch nie so gesehen haben.

Das Buch will dazu ermutigen, sich selbst tiefer auf Gott einzulassen und die eigene „Reise des Glaubens" mit ihren Höhen und Tiefen besser zu verstehen, denn mit dem, was wir nicht verstehen, können wir nur schwer umgehen.

Band 2: Unterwegs in die goldene Stadt

Lektionen des Weges; 192 Seiten, Paperback

Wir sind geschaffen für die Ewigkeit, und sie ist hier. Unser Bürgerrecht ist im Himmel – schon heute. Das Reich Gottes ist nahe herbeigekommen – zu uns allen. Aber was tun wir mit diesen großartigen Wahrheiten? Oder anders gefragt: Lassen wir uns wirklich auf sie ein?

Dieses Buch knüpft nahtlos an das Buch „Die Geisterstadt" an. Während es dort darum ging, das Böse und seine Ausprägungen zu erkennen und hinter sich zu lassen, führt der Weg nun zu der Stadt hin, die Gott baut – seiner goldenen Stadt mit ihrer geheimnisvoll strahlenden Heiligkeit.

Um in den Zustand gelangen, diese Stadt Gottes betreten zu können, gilt es eine Menge zu lernen und zu erkennen, zum Beispiel, welche fatalen Ideologien und Theologien abzulegen sind, wie Gott oft ausgebeutet wird, was Heiligung wirklich bedeutet und wie wir uns auf die bevorstehende Hochzeit vorbereiten können.

Band 3: Über die Schwelle

Vom Geheimnis des Übergangs; 208 Seiten, Paperback

Im geistlichen Leben geht es wesentlich um Übergänge: von der Finsternis ins Licht, von Egozentriertheit zu Christus-Zentriertheit. Der Autor gibt dem Leser Anteil an seinen Erlebnissen und Erkenntnissen auf diesem Weg.

Die Schwelle zur Heiligen Stadt bzw. dem Paradies Gottes können wir weder durch religiöses Verhalten noch durch hohe Moral überschreiten, sondern nur an der Hand Jesu, in der Liebe des Vaters und in der Kraft des Heiligen Geistes. Dieses Buch vollendet die im Buch „Die Geisterstadt" begonnene und im Buch „Unterwegs in die goldene Stadt" fortgesetzte Reise.

Die Trilogie „Die Schriftrolle der Liebe“ von Frank Krause

Die Schriftrolle der Liebe, Band 1

Die Stadt der Liebe und dein Körper der Liebe; 160 S., Pb.

Nachdem der Autor lange um eine Offenbarung der Geheimnisse der Liebe gebetet hatte, kam eines Tages ein Engel zu ihm, der ihm die Schriftrolle der Liebe brachte.
In diesem Band wird die Schriftrolle geöffnet und gibt ihre ersten Geheimnisse preis.

Sie drehen sich um die Art der Gemeinschaft – die „Stadt“ –, welche die Liebe baut, sowie um überraschende Erkenntnisse über die Bedeutung unseres Körpers. Viele Aspekte des äußeren Leibes und eine ganze Reihe von inneren Organen werden besprochen. Ihre Widerspiegelung höherer Zusammenhänge und geistlicher Prozesse ist augenöffnend.

Die Schriftrolle der Liebe, Band 2

Die Herrschaft der Liebe; 152 Seiten, Pb.

In diesem zweiten Band der „Schriftrolle der Liebe“ geht es um einen Aspekt der Liebe, den wir im Allgemeinen nicht in Zusammenhang mit ihr bringen: Ihre Herrschaft.

Die Schriftrolle wird ein wenig weiter geöffnet und offenbart tiefe Erkenntnisse über den Umgang der Liebe Gottes mit uns: warum ihr Gericht nicht zu fürchten, sondern zu begehren ist; wie ihre Herrschaft die Welt und auch die Kirche (!) beendet und wieder neu erschafft; wie sie unser Leben vor ihren Spiegel stellt und uns in ihr Feuer tauft.

Diese und andere spannende Aspekte eröffnen dem Leser eine einzigartige Sicht auf den eigenen Zustand und auch auf den der Welt und der Gemeinde – durch die Augen der Liebe.

Die Schriftrolle der Liebe, Band 3

Wie die Liebe unsere Inneren Festungen überwindet und uns zu Menschen des Friedens macht; 184 S., Pb.

Jeder von uns hat im Herzen ein Heiligtum. Dort sollte die LIEBE residieren, damit wir unsere göttliche Bestimmung erfüllen können. Leider hat jeder von uns auch seinen ganz persönlichen „Sündenfall“ erlebt. Unser Leben hat sich von einem Paradies in ein Gefängnis verwandelt.

Der Autor nimmt uns in einer spannenden Reise mit in die „innere Burg“ unseres Lebens. Dort findet der um unsere Freiheit statt. Dabei werden zahlreiche Aspekte und Dimensionen der Liebe offenbart. Wir haben die Herrlichkeit verloren; wir sollen sie wiederbekommen!

Frank Krause, Hirtenherz

Eine himmlische Vision; 120 Seiten, Paperback

Das Buch beschreibt das Abenteuer einer tiefen Begegnung des Autors mit dem dreieinigen Gott. Die Frage nach der „wahren Hirtenschaft" hat ihn in diese Begegnung getrieben, nachdem er durch seine eigenen Erfahrungen im pastoralen Dienst eher desillusioniert war.

In dieser Begegnung konnte ihm Gott Schritt für Schritt seine Perspektive, sein Herz offenbaren, was seine Beziehung zu uns, unsere Beziehung zu ihm, Hirtenschaft, Gemeindeleben und andere spannende Themen angeht.

Lassen Sie sich mit hineinnehmen ins Hirtenherz Gottes. Lassen Sie Ihr eigenes Herz mit Gottes Gedanken und seiner Liebe durchdringen.

Frank Krause, Das Geheimnis des Bundes

Den tieferen Sinn des Abendmahls entdecken; 160 S., Pb.

Weniges ist der Christenheit so vertraut wie das Abendmahl. Gerade dort jedoch, wo wir meinen, mit der Sache ganz vertraut zu sein, sie theologisch „fest im Griff", rituell bis ins letzte Detail ausgearbeitet und in unsere Gottesdienstpraxis integriert zu haben, kann uns der eigentliche Sinn des Ganzen unbemerkt aus den Augen geraten.

Der Kern, worum es im Abendmahl geht, ist die Errichtung eines Bundes. Gott sucht Verbündete! Der erste Sinn der Vergebung der Sünden ist nicht, dass wir in den Himmel kommen, sondern in einen Bund eintreten können.

Frank Krause, Haus des Gebets

Eintreten in das Mysterium Gottes; 120 Seiten, Paperback

Kaum etwas ist so inspirierend und motivierend wie das persönliche Erleben. Nicht anders verhält es sich in Bezug auf das Gebet.

Gebet – so beschreibt es der Autor – ist wie der Eintritt in ein Haus, in dem Gott wohnt, in dem der Vater auf seine Kinder wartet, in dem unsere tiefsten Sehnsüchte gestillt werden. Gehen wir hinein, werden wir durch Gottes Gegenwart verwandelt – zu denen, die wir wirklich sind. Wir gelangen in die Ruhe, die uns versprochen ist. Wir erleben seine Fülle, werden eins mit ihm.

Dies alles ist ein Prozess, und die Absicht dieses Buches ist, diesen Prozess so detailliert zu beschreiben, dass es dem Leser möglich wird, zu sehen, wo er sich auf dem Weg befindet und wie er weiterkommt.

Gott nimmt uns dabei an der Hand und führt uns Schritt für Schritt tiefer in seine Gegenwart und Wirklichkeit. Als wirklich „Erlöste" sind wir dann bereit, unsere Berufung zu leben – weil wir den Erlöser aus eigenem Erleben kennen!

Frank und Brigitte Krause
Das Elixier der Verwandlung

Vom Geheimnis des Leidens; 260 S., Pb.

Viele wünschen sich eine Erneuerung der Gemeinde und des geistlichen Lebens, häufig jedoch mit der Vorstellung, dies sei schmerzlos zu haben. Dagegen finden wir in der Bibel immer wieder, dass Gott Menschen zunächst schwierige Wege führt, damit sie ihre falsche Identität ablegen können.

In der Auflösung unserer alten Natur und Entfaltung einer neuen Schöpfung erfahren wir etwas von dem „Elixier der Verwandlung", das Gott uns mitten im Leid reicht und das uns hilft, eine Wesensveränderung zu erleben und zu verkraften. Anhand von Psalm 18, in dem der Abstieg und Aufstieg Davids drastisch beschrieben wird, erläutern die Autoren diesen Prozess.

Frank Krause, Männerdämmerung

Auf dem Weg zu wahrer Identität und Stärke; 160 S., Pb.

Viele Männer stecken in der Krise. Sie wissen nicht, wer sie sind, und spielen Rollen, um anderen zu gefallen und deren Erwartungen zu erfüllen.

Die Frage ist: Gibt es eine authentische männliche Form von Transformation, wie Männer zu „echten" Männern werden? Und wer hilft ihnen dabei, damit sie nicht nur jede Menge Porzellan zerschlagen, sondern wirklich zu einer anderen Dimension von Mannsein durchbrechen?

Der Autor zeigt auf, wie revolutionär die Lehren Jesu gerade für Männer sind.

Frank Krause, Die Akte Lot

Ein Mann im Feuer der Bewährung; 134 S., Pb.

Die Akte Lot ist ein Weckruf an Männer, sich zu fragen, wer sie eigentlich sind und wo sie wirklich hinwollen. Der Autor geht der dramatischen Geschichte von Lot und Abraham nach, die gemeinsam ein von Gott initiiertes Projekt beginnen, dann aber getrennte Wege gehen.

Auch heute stellt sich die Frage: Gehen Männer den Weg Abrahams, der sich auf Gott einlässt und die Erfüllung eines unvergleichlichen Traumes erlebt, oder lassen sie sich vom Geist der Welt (fremd)bestimmen, bis sie alles verlieren?

Gott versichert uns, dass wir es uns leisten können, Männer mit Courage und Charakter zu werden. Durch ihn werden wir zu anderen Menschen: **Söhne Abrahams, Gerechte, Weltveränderer.**

Frank Krause, Unterordnung – Segen oder Fluch

Das Geheimnis der Macht in Gemeinde und Ehe

180 Seiten, Paperback

Das Thema „Unterordnung" spielt in der christlichen Kirche und insbesondere ihrer Sicht von Ehe eine große Rolle, aber nicht nur dort.

In jedem Miteinander von Menschen ist die Frage nach der Verteilung der Macht von entscheidender Bedeutung. Dennoch wird dieses Thema in den Gemeinden selten reflektiert und häufig wie ein Tabu behandelt, was dazu führen kann, dass Missbrauch oft entweder gar nicht als solcher wahrgenommen oder aber bagatellisiert, uminterpretiert und vergeistlicht wird.

Frank Krause, Feuerprobe

Das kleine Buch über Erweckung in Deutschland

120 Seiten, Paperback

Das Thema „Erweckung" wird heiß diskutiert. Was sagt nun Jesus selbst zur Sache? Schließlich ist er derjenige, der uns mit Heiligem Geist und Feuer taufen möchte. Und er ist auferstanden und lebt; wir können ihn selbst danach fragen.

Das hat der Autor getan und hat in einer erstaunlichen Vision überraschende Antworten dazu erhalten, wie wir reif werden für Erweckung: Die Kirche ebenso wie das Land. Darin enthalten ist ein **Sendschreiben an die Gemeinde in Deutschland.**

Die neun Schleusen des Herzens

160 S., Paperback

Wie geschieht es, dass die Verheißung Jesu, dass aus unserem Innern Ströme von lebendigem Wasser fließen werde, wenn wir an ihn glauben, zu unserem normalen Erleben wird? Dass andere uns als Quelle und nicht als Zisterne, als Oase und nicht als Wüste wahrnehmen?

Als Frank Krause diese Frage vor Gott bewegte, ließ dieser ihn im Geist sein eigenes Herz sehen und durchwandern. Er zeigte ihm, dass unser Herz neun „Schleusen" hat, entsprechend den neun Aspekten der Frucht des Geistes.

Diese Schleusen wollen in uns geöffnet und freigesetzt werden, damit der Geist mit ganzer Kraft durch uns strömen kann und wir mit seiner Frucht überfließen. Nun können wir auch anderen helfen, diese Fülle zu erleben, sodass in der Folge echte Gemeinschaften der Heiligen entstehen.

Frank Krause, Death Valley

Im Tal der deutschen Knochen

96 Seiten, Taschenbuch

Dem Autor wurde analog zur Vision Hesekiels, der in einer göttlichen Schau sah, wie das Volk Gottes nur noch aus einem gigantischen Feld vertrockneter Knochen bestand, der Zustand der deutschen Knochen gezeigt und wie auch sie Schritt für Schritt wieder lebendig werden können. Das kleine, aber inspirative Buch konfrontiert die deutsche Gemeinde mit der Frage: Stirbst du noch oder lebst du schon?

Die Frage nach dem LEBEN – wie wir es verlieren und wiederbekommen können, aber auch wie es sich in uns entfaltet und uns verwandelt, und schließlich danach, wie wir es behalten – ist fundamental für unser Menschsein und steht im Zentrum des Evangeliums. Jesus Christus sagt: „Ich lebe, und ihr sollt auch leben!" (Joh 14,19).

Frank Krause, Die Armee

Impulse zur aktuellen geistlichen Revolution; 300 S., Pb.

Die Zukunft hat begonnen. Das Verlangen nach Wahrheit, Orientierung und positiven Visionen schwillt an wie eine Flut. Menschen wollen definitiv wissen, wie sie vom Heiligen Geist verwandelt werden können, um in die Dimension der Herrlichkeit Gottes und der engen Beziehung mit Jesus, genannt „Jüngerschaft", eintreten zu können.

Sie sind bereit, dafür zu kämpfen und alle Hindernisse zu überwinden. Sie haben das Spiel religiöser Nichtigkeit und frommen Missbrauchs satt und wollen zu Jesus selbst finden und mit ihm gehen – in Liebe und Wahrheit.

Frank Krause und Klaus Herrmann

Du sollst leben!

Ein aktueller Bericht über eine ganzheitliche Heilung

96 S., Paperback

Hier wird eine aktuelle Geschichte, die das Leben geschrieben hat, erzählt – eine sowohl göttliche als auch menschliche Geschichte, die uns etwas darüber zeigt, wie Gott heute heilt.

Wir begleiten ein Ehepaar auf seinem Weg durch die Prozesse, die sie aufgrund einer unheilbaren Krebserkrankung der Ehefrau durchlaufen mussten. Wir blicken tief in die Geschichte von Tragödie und Triumph, aber ebenso auf die Entfaltung eines erstaunlichen Glaubens, der an Gottes Wort festgehalten hat.

Frank Krause, Ein Turm bis zum Himmel

Der Geist von Babylon, damals und heute; 176 S., Pb.

Viele Christen meinen, die apokalyptischen Ereignisse um den Untergang Babylons kämen erst noch, der Autor jedoch glaubt, dass wir uns bereits mitten darin befinden und Zeugen des kollabierenden „Turms der Anmaßung" sind.

Offenbar geschieht vieles, von dem wir annahmen, es würde sich nacheinander ereignen, in Wahrheit nebeneinander bzw. gleichzeitig.

Das Buch will sowohl die Vorstellungen darüber vertiefen, wer und was Babylon ist, als auch Orientierung geben, um in den turbulenten Wehen der Endzeit, durch die wir gehen, standzuhalten.

Zudem will es den Blick auf die hinter dem Irdischen liegenden himmlischen Ereignisse lenken, die mit der „großen Hochzeit" und der Stadt des lebendigen Gottes, dem „Neuen Jerusalem" zu tun haben. Das Ende des einen ist der Anfang des anderen.

Frank Krause, Ohnmacht und Triumph

Den Weg der Passion Christi mitgehen; 160 S., Pb.

Die „Ohnmacht und Triumph" möchte uns auf eine sehr persönliche Weise auf den Weg der Passion Christi mitnehmen. Dieser entscheidende Abschnitt im Leben Jesu will unser Herz verändern und unsere Beziehung zu Jesus vertiefen.

Angefangen vom Verrat des Judas beim Abendmahl, über Gethsemane, Verhör und Anklage, Verurteilung und Hinrichtung am Kreuz von Golgatha bis zu seiner Auferstehung und erneuten Begegnung mit seinen Jüngern, werden die einzelnen Abschnitte auf dem Weg der Passion Christi nachvollzogen. Der Autor hat sich die Freiheit genommen, einmal vom traditionellen Kreuzweg abzuweichen und sich eng an das biblische Original zu halten.
